現代
金融サービス入門

ゼロから学ぶ金融の役割

【第2版】

Kazuo Ueda
上田和勇 編著

Takeshi Iwasaka
岩坂健志 著

東京　白桃書房　神田

編著者の言葉

　本書は，主にこれから金融サービス（銀行，証券，保険）を学ぼうとする人々に，その基礎について，できるだけ平易に解説したものである。金融サービスは，われわれ個人はもちろんのこと，企業，国の発展の基礎を担ってくれる重要な基幹産業であるにもかかわらず，それに関する解説書については，従来，難解なものが多かった。金融ビッグバン以降，消費者を対象にした比較的わかり易い金融の本が出始めているが，銀行，証券，保険それぞれについて別々に解説されたものが多く，本書のように金融サービス全体を一体のものとして解説されたものは少ない。

　本書の特徴を端的にいえば，①銀行，証券，保険の基本的機能，役割他を総合的に解説している点，②金融サービスはもちろんのこと，個人，企業，国家にとり切っても切り離せないリスクおよびその管理（リスクマネジメント）についてもその基礎を新動向をも盛り込みながら解説している点，③これからの企業のあり方や企業のライフステージ別に金融サービスとの関わりを解説している点などである。

　さらに本書のユニークな特徴を付言すれば，これから企業人になる若い人々に対し著者が情熱を込め，「企業とは何か？」，「金融サービスと企業の関わりは？」，「企業経営，金融サービスにリスクとチャンスがどう関わるのか？」，「企業評価の新しい見方は？」といった点について，語りかけている点である。

　本書誕生までの経緯を以下簡単に触れておこう。本書の編著者である私は，ここ数年来，金融サービス業全般の動向をみながら，また大学の学部・学科内へのファイナンスコース導入の影響を受けつつ，「保険，銀行，証券」の基本的なことを総合的に検討するとともに，そこにリスクマネジメントを加えたいわば四者について，これから社会人・消費者になる若い人々あるいは一般の消費者にも情報提供する必要性を，以前から強く感じていた。こうし

た私自身のニーズに見事に応えて下さったのが本書の共同著者の岩坂健志氏である。岩坂氏には1994年，私の損害保険事業総合研究所の講義で初めてお会いし，95年からの英国留学時には岩坂氏もロンドン駐在員として赴任され，それ以来，いろいろとお世話になっている。本書を短期間に本業の忙しさにもめげず粘り強く執筆され完成されたご努力に感謝とお礼の言葉を申し上げたい。

　われわれの共通の考えは，以下のものであり，またそれが本書出版の背景にもなっている。「個人や企業そして国家も適正な資金の循環がなければ，その発展はありえない，資金の循環にはいうまでもなくリスクとチャンスが並存しており，金融サービスの提供側のリスクをベースにした資金管理の重要性はもちろんのこと，金融サービスの買い手側においても経営や商品に潜むリスクやチャンスの内容を理解しながらの購買が求められている」。本書が多くの人々に読まれ，金融サービスとリスクマネジメントへの興味・関心を抱いていただければ幸いである。

　本書は2003年発行の初版本のあと，一部の項目の追加等を行い，第2版として刊行するものである。主に第1章と第5章について再検討し，追加執筆等を行っている。上田，岩坂による執筆分担は下記のようになっている。

　第1章の1～4（岩坂），5（上田），6（岩坂）
　第2章の1～4（岩坂）
　第3章の1～6（岩坂）
　第4章の1～2（岩坂），3（上田）
　第5章の1～3（岩坂），4の(1)，(2)上田，(3)岩坂，(4)上田

　最後に，本書完成までにご協力いただいた多くの方々に感謝申し上げたい。岩坂氏の同僚の皆様の企画の段階からのご協力，また私のゼミナールの学生には初稿ゲラを読んでの印象をお願いした。お礼申し上げたい。そして本書出版をお引き受けいただいた白桃書房の大矢栄一郎氏に感謝申し上げたい。

2006年4月

編著者

はじめに

　世の中は「お金」無しでは成り立たない。だから世の中には「お金」がぐるぐる回っている。「お金」はいろんな形で，われわれの生活に大きな影響を及ぼしている。

　新聞を開いて欲しい。どのページにも「お金」に関係があるニュースが1つは載っている。「国家予算は〇〇〇兆円」，「泥棒に入られ〇〇〇万円盗まれた」などである。

　また，ニュースの最後には，「本日の平均株価は〇〇〇円でした」といっているのを聞いたことがあるであろう。

　読者諸賢は，生活に欠かせないこの「お金」に関することをわかりやすく理解したいと思ったことはないだろうか？

　また，新聞やニュースで「株」や「金利」の話が出てきた時に「うん，なるほど」と，相槌が打てるようになったらすばらしいと思わないだろうか？

　本書はそのように思う人々に「気楽」にしかも「わかりやすく」「**金融**」を勉強してもらうために執筆した。金融の知識がまったくない人に，金融の基礎事項をわかりやすく解説したものである。

　その中でも特に「これから社会人になる学生さん」に読んでもらいたい。もちろん「ご主人と金融や会社のことを話してみたい主婦の皆さん」に読んでいただいても大変うれしい。

　本書の切り口は他の金融を解説した本とやや異なる。

　まずは，会社のライフサイクルによって，金融サービスを理解してもらおうと試みたことにある。会社のライフサイクルとは，会社の営みの一生と思ってもらえばいい。「会社の営みに金融サービスがどのようにかかわるか」を理解することによって，より金融の意義と世の中でのかかわりがわかってもらえるはずである。ゆえに単に金融のことばかりでなく，会社のことも解

説した。

次に，単に金融と会社の知識にとどまらず，金融と会社に関係する新しい動きも合わせて理解してもらおうとしたことである。

今は激動の時代である。世界レベルで20世紀型から21世紀型へ価値観・仕組みが大きく変わりつつある。また，日本は特にその産みの苦しみを味わっているかもしれない。企業のあり方が改めて問われている。

「これから社会人になる学生さん」にぜひ読んでいただきたい理由はここにある。学生さんの多くは企業に勤めるであろう。会社員になるはずだ。会社は単に収入を得る場としてではなく，仕事を通して多くを学び，そして自分の存在意義も発見する場となるであろう。その人にとって会社とは人生の重要な位置を占めることになる。

以下，本書を構成する4つのキーワードについて説明したい。

1 「金融」

本書のメインテーマである。

「金融」とはお金を融通しあって，世の中にお金を調達し供給することである。

昔から「金は天下の回りもの」といわれる。世の中にお金が動いている様子を理解してもらいたい。また，お金が動いていないと世の中が健全ではなくなることも知って欲しい。それが金融の本質だからである。

また，「誰がどのような形でお金を調達し供給するのか？」も理解して欲しい。これが金融機関の理解となる。

2 「会社」

日頃何気なく口にする会社。読者の周りには「会社員」や「会社経営者」が大勢いるはずである。その会社が人を幸せにしたり不幸にしている。会社は世の中で重要な存在である。

会社とはいったい何なのだろうか。本書は会社のライフステージにかかわる「金融サービス」を理解する触媒として作用する。ぜひこの機会に会社に関する基礎的なイメージを持って欲しい。

3 「リスクマネジメント」

このテーマは昔からあるが，これからの「金融」と「会社」を理解するの

に欠かせないものである。しかもリスクマネジメントのあり方が大きく変わろうとしている。

　会社を経営することはリスクを取って利益を得ることでもある。昔からいわれている「虎穴に入らずんば虎子を得ず」とは，まさにこのことで，リスクとリターンは表裏一体の関係である。リスクマネジメントとは消極的な概念ではなく，積極的な企業経営のキーワードである。リスクに関する基礎的な知識と共に，健全な会社経営を行うための必要条件であることを理解して欲しい。

4　「企業の新しいあり方」

　時代は大きく変化している。

　金融機関を含めた「企業（会社）」に求められるこれからの価値観は何であろうか。また，企業はどのように行動すべきであろうか。

　時代の流れを概括し，筆者が考える今後のあるべき企業の姿に触れてみたい。

本書を構成する4つのキーワード

「会社」の理解 ⇔ 「リスクマネジメント」の理解

「金融」の理解

「企業の新しいあり方」の理解

以上を読まれると，かなり欲張った本のように思われるかもしれない。
　「欲張ると書くことが多くなる」→「内容が多岐にわたる」→「難しくなる」。
　でも安心していただきたい。
　まずは，教科書によくある「網羅主義」を排除した。必要事項に絞ってわかりやすく解説したつもりである。全体像を大きく理解していただくために，ポイントを絞った解説となっている。原則的な説明にとどまっているので，不十分なところがあるかもしれない。その点はご了承いただきたい。
　書店には「金融」に関するすばらしい体系書が満ち溢れている。また，「リスクマネジメント」については編著者専修大学上田教授の研究分野である。先生の著作については巻末の参考文献をご覧いただきたい。その他の章の内容についても同じく参考文献を載せておいた。本書に刺激されてもっと勉強したい方はそちらで更なる刻苦に励んで欲しい。
　次に，実務家の視点を重視した。本書は学者と実務家の共著であるが，実務家が日頃の業務で実際に触れている事柄を中心に書かれている。
　金融にかかわることばかりでなく，実務家として，また会社員として，若い人にぜひ知っておいてもらいたいことも多い。そのような事柄も書いた。
　繰り返しになるが，実務家として本書を「これから社会人になる学生さん」に読んでもらいたいのである。
　それと共に「一歩進んで！」は，本書をご理解いただく上で，日頃よく聞くが疑問に思っているようなトピックスを書いてみた。一休みのつもりで気楽に読んでいただきたい。

【目次】

編著者の言葉
はじめに

第1章 金融とは

1 金融とは－金は天下の回りもの ……………………………… 2
2 お金の役割－お金の3つの役割 ……………………………… 3
　(1)価値の尺度としての役割 ……………………………………… 4
　(2)交換の手段としての役割 ……………………………………… 4
　(3)価値の蓄積・保存としての役割 ……………………………… 5
3 お金の融通方法－間接金融と直接金融 ……………………… 6
　(1)間接金融 ………………………………………………………… 6
　(2)直接金融 ………………………………………………………… 7

　一歩進んで! ▶バブル期と不良債権問題 ……………………… 9

4 金融機関の種類－銀行・証券・保険 ……………………… 12
　(1)銀行 …………………………………………………………… 12
　(2)証券会社 ……………………………………………………… 15
　(3)保険会社 ……………………………………………………… 19
　(4)ノンバンク …………………………………………………… 22
5 金融サービス機関のリスク ………………………………… 23
6 金利の話－金利はお金の使用料 …………………………… 27

　一歩進んで! ▶金利と景気 …………………………………… 28
　　　　　　　　▶デフレってなに？ …………………………… 31
　　　　　　　　▶外国為替とは ………………………………… 34

第2章 会社ってなに？

1. なぜ会社をつくるのか ……………………………………………… 42
   (1) 会社の存在意義 ………………………………………………… 42
2. 株式会社 …………………………………………………………… 45
   (1) お金を集める手段としての「株」 …………………………… 45
   (2) 経営と所有の分離 ……………………………………………… 45
   (3) 株主の有限責任 ………………………………………………… 47
   (4) 株主への利益還元 ……………………………………………… 48
3. 株式市場 …………………………………………………………… 50
   (1) 証券取引所 ……………………………………………………… 50
   (2) 上場 ……………………………………………………………… 51
   (3) インデックス …………………………………………………… 51
   (4) なぜインデックス（株価）が注目されるのか？ …………… 52
4. ステークホルダー（会社をとりまく人々） …………………… 54
   (1) 株主 ……………………………………………………………… 54
   (2) 顧客 ……………………………………………………………… 55
   (3) 従業員 …………………………………………………………… 55
   (4) 取引先 …………………………………………………………… 56
   (5) 市民・地域コミュニティー …………………………………… 56
   (6) 行政 ……………………………………………………………… 58

一歩進んで! ▶財務諸表ってなに？ ……………………………… 59

第3章 会社のライフステージと金融サービス

1. 会社のライフステージ …………………………………………… 66
   (1) スタートアップ期 ……………………………………………… 66
   (2) 成長期 …………………………………………………………… 66
   (3) 安定期 …………………………………………………………… 67
   (4) 衰退期 …………………………………………………………… 67

- 2 会社をつくってみた（スタートアップ期）·················· 68
  - (1)ベンチャーキャピタル ·················· 69
  - (2)銀行 ·················· 70
  - (3)保険会社 ·················· 71
- 3 株を公開する（成長期）·················· 72
  - (1)証券会社 ·················· 73
- 4 社債・コマーシャルペーパーの発行（安定期）·················· 75
- 5 企業再生（衰退期）·················· 78
- 6 資金調達のまとめ ·················· 81

　　一歩進んで!　▶格付について ·················· 83
　　　　　　　　▶会社の資産運用と機関投資家 ·················· 86
　　　　　　　　▶企業年金とは ·················· 90

第4章　リスクマネジメント

- 1 リスクの理解 ·················· 94
  - (1)リスクとは ·················· 94
  - (2)リスクの分類（「伝統的定義」と「現代的定義」）·················· 96
  - (3)保険可能なリスクの特徴 ·················· 98
  - (4)ハザード・ペリル・リスク・ロスの関係について ·················· 101
  - (5)金融機関特有のリスク ·················· 105
- 2 リスクマネジメントの理解 ·················· 106
  - (1)リスクマネジメントの定義 ·················· 106
  - (2)リスクマネジメントの方法 ·················· 109
  - (3)これからのリスクマネジメントの考え方 ·················· 115
- 3 生命保険会社の全社的リスクマネジメント－事例 ·················· 117
  - (1)全社的リスクマネジメント体系の原則 ·················· 118
  - (2)リスク分類 ·················· 118
  - (3)全社的リスクマネジメントの構造 ·················· 119

　　一歩進んで!　▶有価証券投資におけるリスクの最適化 ·················· 120

第5章 これからの企業と金融サービスのあり方

- 1 企業の存在意義と影響力 ……………………………………… 124
- 2 旧来型日本的経営の行き詰まり ……………………………… 126
  - (1) 官僚主導 …………………………………………………… 127
  - (2) 横並び主義 ………………………………………………… 128
  - (3) 終身雇用・年功序列・企業内労働組合 ………………… 129
  - (4) 右肩上神話と含み益経営 ………………………………… 129
- 3 金融サービス機関の環境変化 ………………………………… 131
  - (1) 企業をめぐる環境変化 …………………………………… 131
  - (2) 金融改革とは ……………………………………………… 134
  - (3) 金融改革と銀行 …………………………………………… 139
  - (4) 金融改革と証券 …………………………………………… 140
  - (5) 金融改革と保険 …………………………………………… 142
  - (6) 金融サービス機関の評価 ………………………………… 143
  - (7) 金融サービス機関の破綻と消費者保護 ………………… 145
- 4 これからの金融サービス機関のあり方 ……………………… 149
  - (1) 情報開示の充実 …………………………………………… 149
  - (2) リスクマネジメントの強化 ……………………………… 150
  - (3) 企業の社会的責任の遂行 ………………………………… 152
  - (4) コーポレートガバナンスの強化 ………………………… 152

一歩進んで!	▶デリバティブ ……………………………………… 155
	▶社会的責任投資 …………………………………… 159
	▶会社人間の集団無責任構造 ……………………… 163

あとがき …………………………………………………………………… 170
参考文献 …………………………………………………………………… 173
索　　引 …………………………………………………………………… 175

第1章

金融とは

1
金融とは

2
お金の役割

3
お金の融通方法

4
金融機関の種類

5
金融サービス機関のリスク

6
金利の話

1 金融とは —金は天下の回りもの

「金融」という言葉をよく見聞きするであろう。最近は世の中がよくないので「金融不安」,「金融危機」という言葉が新聞でおどっている。

まず,「金融」という言葉を分解してみよう。それは「**お金**」を「**融通する**」ということになる。融通するとはお互いに貸したり借りたりすることを意味する。

ここで,読者の日常生活を思って欲しい。

読者が学生なら,「朝起きる。朝食をとって家を出る。電車に乗る。学校へ着く。授業を受け,学食で昼食をとる。午後の授業。サークル活動。学校を出る。途中本屋で参考書を買う。電車で家に帰る」。

まったく普通の1日だった。つまらないといわないで欲しい。この1日,お金がないと成り立たない。朝食の材料,学校の授業料,電車の定期代,昼食代,サークルの活動費,本代,全部がお金で支払われているのだ。いつも生活にはお金がついて回る。

でも,常にお金を必要な分だけ持っているとは限らない。時々足りなくなる。日常生活ではあまり感じないが,新しく事業を始めたり,家を買ったりすると,一度に大きなお金が必要になる。その時に「**お金を融通してもらう**」これが「金融」である。あくまで「融通」だから借りたお金は返さなくてはならない。しかも普通は借りた額より多くである。この余分に返す部分を「**金利**」という（金利についてはあとで詳しく述べる）。だから,お小遣いをもらうことは金融とはいわない。

逆にお金が余る。現金で家に持っていても危ないし,金利がついて少しだが増やしてくれそうなので,お金を預ける。使い込まれるのは嫌だから信用できるところへ預けたい。

お金を預かってくれ,「**利息**」をつけて増やしてくれるところも必要である。

このように,「世の中でお金をぐるぐる回す」ために,お金が余った人からお金を預かり,必要な人にお金を融通することが「金融」である。

金は天下の回りもの

```
        銀行
   ¥         ¥
商店    お金    工場
   ¥         ¥
        個人
```

　「金は天下のまわりもの」この言葉を支えるのが「金融」であり，それを職業としている人々（ふつうは会社が多い）が「**金融機関**」である。
　イギリスの有名な劇作家シェークスピアの「ベニスの商人」という劇をご存知であろう。その中に悪徳商人のシャイロックが登場する。不当に高い金利を取って自分の利益ばかり考えている商人である。しかし，彼も立派に金融機能を持った人なのである。

② お金の役割 — お金の3つの役割

　最近は少子化が進み，孫1人に両親＋両祖父母とお年玉をくれる人が6人いるのも珍しくない。だから，物心がつく前から人はお金を持っていたりす

る。成長するにつれて，世の中は誘惑でいっぱいだ。小さい頃はゲームにおもちゃ，年頃になるとデートもしたいしブランドものも欲しくなる。家庭を持っても，車を買ったり，家を買ったり，子どもの教育費とお金がかかる。人生が終わっても葬式代が必要である。

この一生付き合うお金。「金融」的にはどんな役割を持っているのだろう。

(1) 価値の尺度としての役割

ものの値段をはっきりさせることである。

いつも行く八百屋の大根は1本200円である。でも別の八百屋はおなじ品質で180円ならそちらの方が安くて得だとわかる。同じ店でも今まで200円だったのが今日220円なら値上がりしたとわかり，今日は大根を買うことをやめようと思ったりする。

ところが，別の八百屋は「大根1本1ドル50セント」で，昨日の大根の値段は「キャベツ1個と同じ」といわれても，今の値段が安いのか高いのかさっぱりわからない。

このような混乱を避け，ものの値段をはっきりさせておけば，お金は便利に使われることになる。

(2) 交換の手段としての役割

お金は何にでも交換できる。

昔は物々交換といって「肉と野菜」「米と魚」とかを交換していた。でも，肉を持っている人が野菜を欲しくても，そんなに簡単に野菜と代えてくれる人に出会うわけでもないし，そのうち肉は腐ってしまう。やはり不便である。だから，お金を交換の手段とするのが便利なのだ。

イギリスにはハロッズという名門百貨店があり「非合法なもの以外何でも売っている」ということをキャッチフレーズにしていたりする。お金さえあれば，ハロッズに行けば何でも手に入るわけだ。

ただ，「世の中，お金で何でも手に入る」とかたく信じている人がいるが，

その人はお金で手に入らない価値や喜びを知らない人であろう。

(3)価値の蓄積・保存としての役割

お金は貯めておける。

今は冷凍技術が発達し，肉でも長期保存ができる。しかし，何かものが欲しい時に，肉を受け取って欲しいものと交換してくれる人は限られた人にすぎない。やはり，何にでも交換できるお金という形で貯めておくのが便利なのである。お金は腐らないし，人がもともと決めた約束事なので，いつまでも価値が損なわれることがない。

また，「**銀行**」では利息をつけてお金を預かってくれるので，自宅でお金を持っている必要もない。

ここで注意したいのは，お金は必ずしも「**現金**」とは限らないということである。銀行へお金を預けると，「**預金通貨**」と呼ばれるものになる。

「預金通貨」とは実際の現金ではないけれど，お金の価値を持ったものと

お金の3つの役割

思ってもらっていい。銀行の通帳を見てもらうと，そこに記載してある預金残高は，その人が現金を持っていなくても，同額のお金持ちであることには変わりがないことをあらわしている。

また，クレジットカードで買いものをすると自動的に銀行口座から引き落とされる。これも現金の代わりに「預金通貨」が活躍しているのである。

3 お金の融通方法──間接金融と直接金融

「金融とはお金を融通することである」とはすでに述べた。ここではその融通方法を考えてみたい。個人としてお金が必要な時は，①借りるか②もらう，しかない。③盗んだり④自分でつくる，という手もあるが，これらは犯罪である。もらうことは「金融」とはいわないので，個人の場合，「金融とはお金を借してもらうこと」となる。

では会社の場合はどうなるのか。基本的に「お金を融通してもらう」ことに変わりはない。しかし，ちょっと複雑である。本書は会社のことをより理解してもらうのも目的だから，会社における「お金の融通方法」を知っておいて欲しい。まず，金融という行為が行われるには，①お金が余っている人（**投資家・預金者**），②お金が必要な会社（企業），③二者の間に立ってお金を融通してくれる機関（金融機関）が必要となる。あとは次のどのルートでお金が動くかによる。

(1)間接金融

会社がお金を金融機関から調達する方法である。

お金の出し手である投資家とお金の借り手である企業の間に金融機関が入っているので間接となる。会社が直接投資家を見つけるのは難しい。常時お金を持っている金融機関に頼む方が話は早い。投資家にとってもお金を出す

には優良な先の方がいいので，仲介役に専門の金融機関が入ってくれていた方が安心である。土地や建物といった不動産の取引きでも，間に不動産屋が入る方が安心である。それと同じ理屈になる。

(2) 直接金融

　会社がお金を直接投資家から調達する方法である。

　間に金融機関がいないので直接となる。この直接とは「お金の流れが直接」ということである。実際には証券会社が資金調達の仲介をすることになる。

　会社は「**株（株式）**」「**債券**」を発行してお金を集めることになる。「株」と「債券」についてはあとで詳しく著述するが，ともに第三者に売却することができる「**有価証券**」である。

　会社をつくる時に会社は「株」を発行してその会社にお金を出してもらう。会社の所有者である「株主」を募るわけである。「株主」は会社の所有者であるので出したお金と引き換えの「株」には「**元本保証**」はなく，会社が儲かった時に「**配当**」を支払うものとなる。「債券」は会社の借金である。だから会社に元本を支払う義務があり，会社の儲けに関係なく約束された「**利息**」を支払うものと理解されたい。

　「株」や「債券」を発行するには基準があり，会社がその基準を満たしていることが必要である。また，金融機関に頼らず自分でお金を集めるには，会社としての実力も必要だし，知名度も必要である。今まで日本は間接金融が主流であったが，直接金融が増えつつある。

　日本は長い間銀行の影響力が強かったといえる。それは，戦後日本が復興するにあたり，銀行が主導となって企業を育ててきた歴史にある。その結果，銀行を中心として企業グループを形成しており（三菱グループや住友グループといった「**財閥系**」と呼ばれる企業集団はその代表格），メインバンクと呼ばれる銀行が企業の明暗を握っていた。だから，お金の調達も銀行を通した間接金融が中心となっていた。

　一方時が経つにつれ，有価証券を使ったお金を調達する「**証券市場**」も発展を遂げ，企業も力をつけてきた。企業に力がある場合，一般的には直接金

融の方が有利にお金を集められるので，間接金融から直接金融へ主流が移りつつあるわけである。

最後に，「**金融は人と人との信頼の和**」でできあがっていることを付け加えておきたい。

まず，お金そのものが人々が決めた約束事である。紙切れまたは金属のコインに価値を付与し，皆がそれを信頼しているから，お金なのである。ましてや預金通貨は現物そのものがないので，銀行を信頼するからこそ成り立っている。

次に，お金を融通することも同じである。人を信用するからお金を貸す。借りた人は責任を持ってそのお金を返す。その信頼が次のお金の調達につながる。

金融は決してマネーゲームではない。人と人の信頼の和ということを覚えておいて欲しい。

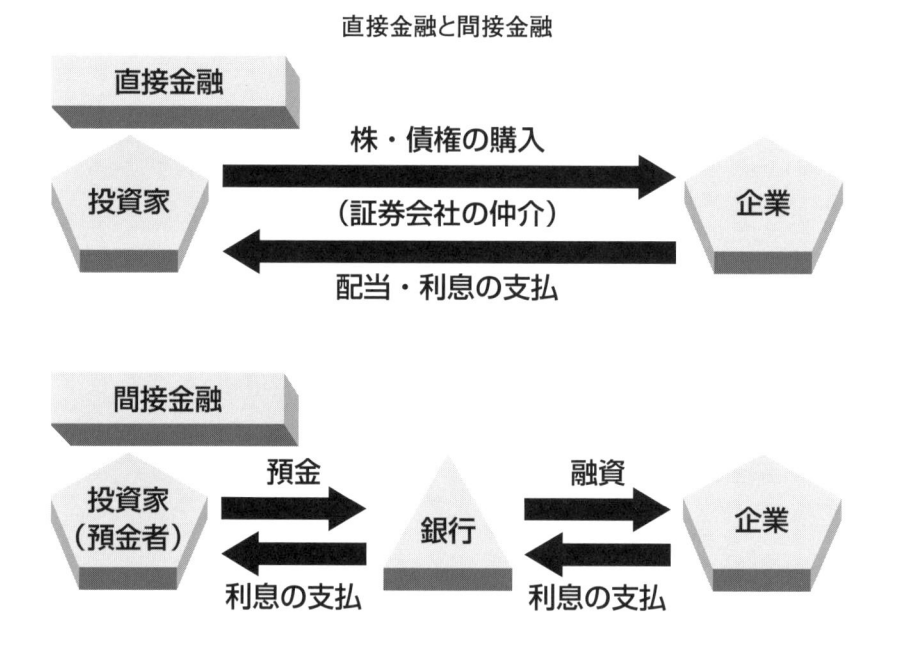

直接金融と間接金融

直接金融
投資家 ─株・債権の購入→ 企業
（証券会社の仲介）
←配当・利息の支払─

間接金融
投資家（預金者） ─預金→ 銀行 ─融資→ 企業
←利息の支払─　　　　　←利息の支払─

一歩進んで！

バブル期と不良債権問題

　日本は1980年代の後半から90年代の前半にかけて，景気はいいのに金利は低く，世の中にお金が余った時期があった。あとになって「**バブル期**」と呼ばれる時期のことである。

　若い読者は違う感覚を持っているかもしれないが，日本は戦後ずっと，経済が伸び続けていた。給料も上がるが，インフレといって物価も上がっていた。その中で株と土地の値段は長期的には必ず上がっており，人が財産を形成する最も有効な時代でもあった。だから，土地も株も値上がりして当たり前という神話ができていた。これがバブル期に悪く作用する。

　景気がよくてお金が余ったから，会社や個人は財産を増やそうとして株や土地をどんどん買う。中には値上がりに遅れまいと焦って買った人も多くいた。これは財テクと呼ばれ，本業そっちのけで，株や土地で儲けようとした会社も多かった。

　銀行は「**担保主義**」といって企業に財産価値があったら信用できると考え，どんどんお金を貸し出した。また，貸し出しを増やすことが銀行の競争に勝ち残ることと考え，よく相手を見ずに貸し出しを増やしたのも事実である。

　貸し出されたお金で株や土地がまた買われ，それでまた土地や株が値上がる。財産が大きくなるとまた信用がつき，お金がまた貸し出される。それが繰り返され，世の中にお金が異常な速さで回ることとなった。

　忍者の分身の術ではないけれど，もとは1人なのが，どんどん速く動くようになって2人にも3人にも見えるような状態だ。実態がないのに大きくなった。

泡と同じである。だから「バブル」と呼ばれている。

　しかし、所詮「バブル」である。これではいけないと思った政府や日本銀行が金利を上げたり不動産の売買を規制してこれを止めにかかった。お金の動きにブレーキがかかり、バブルがはじけた。

　無理して実力以上にお金を借りていた人が、お金が返せなくなった。これが**不良債権**と呼ばれるものである。

　「政府は何年以内に不良債権を一掃する」とか「まだまだ銀行の不良債権は消えていない」というのを、よく新聞やニュースで見聞きしていることと思う。

　この不良債権は、主に銀行にダメージを与えている。銀行が大量のお金を貸して、これまた大量のお金が戻ってこなくなっている。銀行は人から預かったお金で貸し出しをしているので、最悪の場合、今度は銀行が預金者にお金を返せなくなって銀行が潰れてしまう。

　特に大きな銀行が潰れると世の中全体で銀行が信用できなくなる。銀行をはじめとする金融機関に信用がなくなると、お金がまともに回らなくなる。これが金融不安だ。ひどいと、銀行が潰れる前に預金をおろそうと銀行に預金者が殺到する。これが取り付け騒ぎ。実際に昭和の大恐慌といって昔は日本も経験したパニックだ。だから、政府が税金を使って銀行を助けている。

　ところが銀行は一向にまともにならない。いつになったら銀行がまともになるのか？　これが不良債権問題の本質である。でも今のところ先が見えない。結構深刻である。

　もともとは借りたお金を返さない企業が悪い。当然である。それに加え、安易に貸した銀行に問題があるという論議になっている。

　問題は銀行をはじめとする金融機関の体質そのものにあるのかもしれない。本書で「金融と企業の新しいあり方」をテーマにしているのはその問題意識があるためである。

バブルの発生

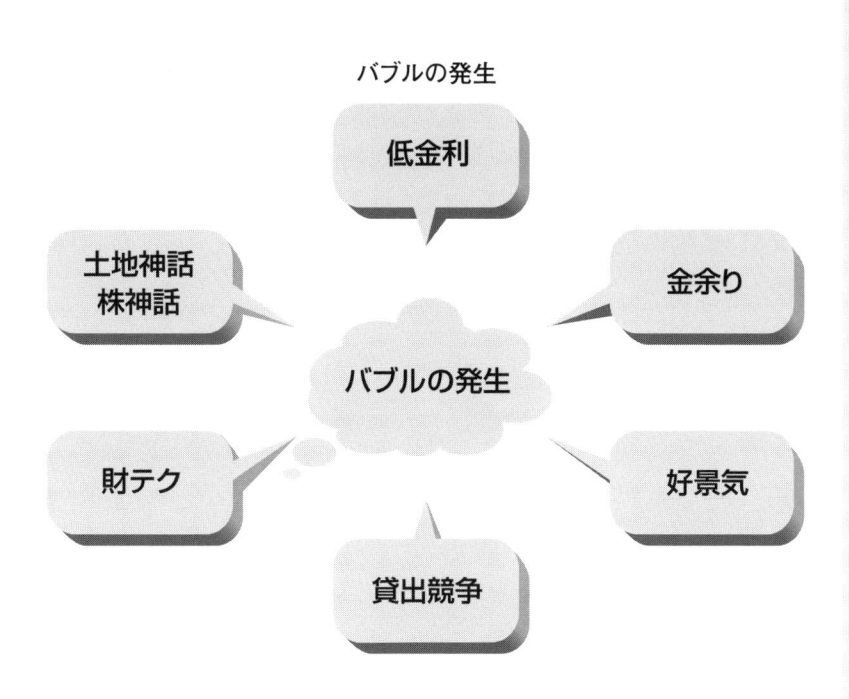

- 低金利
- 金余り
- 好景気
- 貸出競争
- 財テク
- 土地神話 株神話

→ バブルの発生

4 金融機関の種類 — 銀行・証券・保険

　金融機関とは「お金が余っている人からお金を預かり，お金を必要とする人にお金を融通することを専門としている機関」ということはすでに述べた。世の中にお金が回ることをお手伝いしている専門機関である。
　金融機関の種類を分けると主に次のようになる。
(1) **銀行**
(2) **証券会社**
(3) **保険会社**
(4) **ノンバンク**

　街へ出てみよう。「○○銀行」「××証券」「△△保険」など金融機関の看板が目につくはずだ。金融機関はわれわれにとって意外と身近にある。
　以下，金融機関の種類を簡単に解説したい。

(1) 銀行 — 金融仲介機能・決済機能・信用創造機能

　金融機関の中で最もなじみが深いのが銀行であろう。
　銀行をさらに分けると，普通銀行，都市銀行，地方銀行，信託銀行，また，銀行という言葉がついていないけれど信用金庫，信用組合というのもある。
　この違いは法律で細かく決められているが，ここで違いを知ってもあまり意味がないので省略したい。
　郵便局も銀行と同じような機能を持っている。郵便局は預かっているお金のことを「貯金残高」という（ちなみに銀行では「預金残高」という）が，その額は世界一だから驚きである。ほかに，農業協同組合（農協）や漁業協同組合（漁協）なども銀行と同じような機能を持っている。
　銀行には大きく次の3つの機能がある。

①金融仲介機能
　お金が余っている人からお金を預かり，お金を必要とする人に貸し出す機能である。貸し手と借り手の間に入るから仲介になる。
　銀行にお金を預けたことがある人は知っているが，お金を預けると利息がつく。また，お金を借りても利息をつけて返さなければならない。預金利息よりも貸出利息の方が大きい。この利息の差が銀行の儲けとなる。

②決済機能
　口座振替や送金によって銀行が代わって代金を支払ってくれることをいう。
　ものを買って，お店に行って代金を支払う代わりに，銀行からお金を振り込んだ経験があるだろう。また，電気代やガス代が通帳から引き落とされているはずである。これも支払先の窓口にわざわざ行かなくても代金支払いが済んでいる。銀行引き落としであれば自分の銀行残高が減って，支払先の銀行残高が増えている。このお金の移動を銀行が代行してくれている。
　もちろん，銀行間で「現金」が実際に動いているわけではない。「**為替**」という銀行の間の帳簿上だけの付け替え作業を行っているのである。

③信用創造機能
　実際にあるお金よりも大きなお金を創り出すことをいう。
　いくら銀行に信用があるからといって，実際にお金を印刷したり鋳造することではない。
　前述した2つの機能の「金融仲介機能」と「決済機能」は，銀行の利用者が日常的に接しているのでわかりやすい。しかし，この信用創造機能はちょっと難しい。
　お金を創り出すとはこういうことである。ある人が銀行にお金を預け，銀行はそのお金を必要な人に貸し出す。ここまでは金融仲介機能の基本である。ところで銀行預金はいつでも引き出せるが，実際には預かったお金が一度に全部引き出されるわけではないので，銀行は手持ちの現金を少し残して，残りを貸し出しする。借りた人がこのお金を銀行に再度預けると，またこれが

銀行の貸出原資となり，銀行がまたお金を貸すことになる。これが繰り返されると，最初預けたお金の何倍ものお金が世の中に回ることになる。

　数字にするとわかりやすい。ある人がA銀行に100万円預ける。A銀行は10％（10万円）を手元に残して90万円を貸し出す。借りた人がその90万円で商品を買ったとする。その商品の売り手がその売却代金である90万円を同じA銀行に預ける。そうするとA銀行に預金が総額190万円（＝100万円＋90万円）あることになる。お金が増えてしまった。

　続いて，新しく預かった90万円の10％（9万円）を残して，残りの81万円を貸し出し，またどこかで使われて同じようにA銀行に預金してもらうと今度は総額271万円（＝100万円＋90万円＋81万円）になる。またお金が増える。

　お金とはもともと人が人を信用する前提のルールで決めたものだから，お金が増えることは信用が創造されることになるわけである。だから「信用創造機能」となる。

　では，なぜ，こんなマジックみたいなことが必要なのだろうか。それは実際のビジネスにおいては現金よりもはるかに大きなお金が必要とされるからである。ゆえに「金融」，すなわちこのようにお金を融通しあう機能が重要になる。

　ここで「**貸し渋り**」ということに言及したい。「一歩進んで！」で書いた「不良債権」とも関連するが，銀行が不良債権を出すことを恐がってお金を貸さないことを「貸し渋り」という。世の中不景気だし，倒産する企業が多くあとが面倒なのでお金を貸すのに慎重になっているわけである。

　また，もっとひどい場合は，銀行が貸出先の事情も考えず無理に貸付金の返済を迫ったりする。これを「貸しはがし」と呼んでいる。

　ところが，景気をよくするためには，企業は新しい事業を始めたり，既存の事業を拡大する必要があるわけで，お金が必要なのである。お金を必要とする人が多い時にお金を出さない「貸し渋り」は景気をよくするブレーキとなってしまうわけである。

　好景気で涌いたバブル期には銀行がこぞってお金を貸して不良債権を山積みにした。一方，不景気になると「貸し渋り」で不況を長くする一因となっ

銀行の役割

金融仲介機能
貸し手 ⇄ 銀行 ⇄ 借り手

信用創造機能
信用 信用 信用 信用

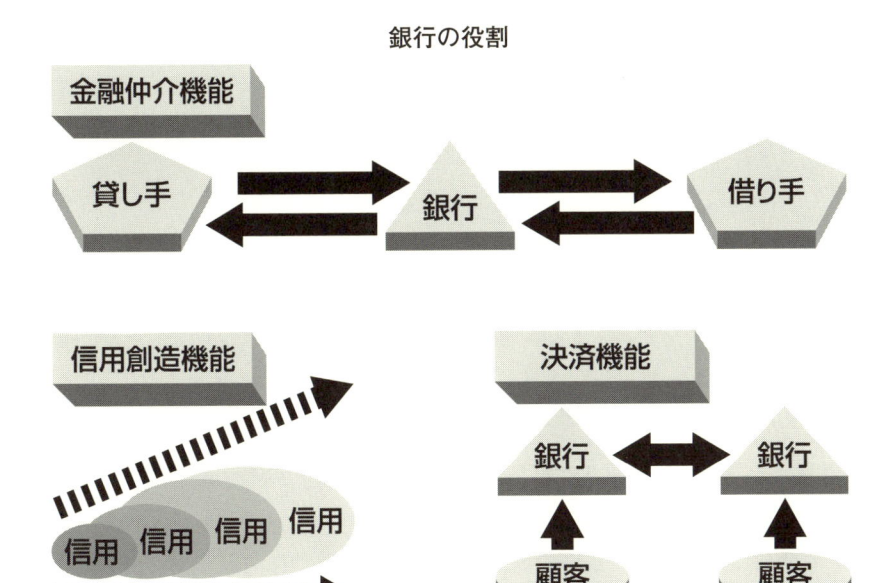

決済機能
銀行 ⇄ 銀行
↑ ↑
顧客 顧客

ている。本当に銀行とは難しい商売である。

(2) 証券会社 — 直接金融の仲介

　証券会社と聞いて何をイメージするだろうか。最も身近なのは「株を買うところ」ではなかろうか。

　「**投資信託**」を販売していたりもする。投資信託とはお客さんからお金を集めて運用のプロがお客さんの代わりにお金を運用するものである。運用手段は有価証券が主である。投資信託は運用実績の結果値段がつき，株と同じように売買されているものである。一般的には個別の株よりもプロが代わりに運用するので安心といえる。しかし，運用に付随する手数料も安くないので，実際の購入には手数料を考慮することも大切である。

　証券会社は銀行に比べて個人にとってはなじみが薄いのは事実である。本書のテーマである「会社と金融機関」の視点から見てみよう。するとさ

らに証券会社の重要性が増してくる。

　一言でいえば，企業の資金調達において直接金融の仲介をするのが証券会社である。

　証券会社の説明にはその周辺にある「**有価証券**」の理解が欠かせないので，「有価証券」の基本的なこと含めて証券会社の役割を説明したい。

①有価証券の特徴ー第三者へ売れること

　前述の間接金融と直接金融を思い出して欲しい。直接金融とは企業が「株」や「債券」を発行して資金を集めることであり，証券会社はそのお手伝いをするわけである。

　「株」と「債券」のおさらいをしてみよう。「株」は会社の所有権で元本保証がなく会社が儲かった時に「配当」を支払うもの，「債券」は会社の借金で，会社には元本の支払い義務があり，会社の儲けに関係なく約束された「利息」を支払うものであった。

　いずれも「有価証券」というもので，第三者に売却できることが大きな特徴である。すぐにお金に代えることができる。これを「**流動性**」に優れているといったりする。

　お金を出した方，すなわち投資家は，自分にお金が必要になった時に自分が持っている「株」や「債券」を自由に売却してお金に戻すことができる。だから，投資家は自分にお金が必要になる可能性があっても安心して有価証券を買うことができるわけである。

　また，自由に売買できるとは「株」でも「債券」でもいつでも値段がついていることでもある。だから安く買って高く売れば，別に配当や利息をもらわなくても儲かることができる。

　ちなみに，有価証券を安く買って高く売った時の収益を「**キャピタルゲイン**」という。配当や利息の収益を「**インカムゲイン**」という。この2つはともに儲けなのだが税金の取り扱いが違う。

②金融市場

　お金と同じで有価証券は人間が創り出した創造物である。しかも，有価証

券は「自由に売り買いするためにわざわざ創り出されたもの」なのである。だから，野菜や肉と同じように取引きされており，市場がある。

確かに東京証券取引所というものがあるけれど，すべてが，東京の築地市場のようにみんなが1か所に集まって取引きをしているわけでない。お金が世の中をぐるぐる回っているのが金融の役割だから，いろんなところで，いろんな方法で取引きされている。取引き手段は電話やファックスといった通信手段が中心で，人と人が相対で取引きする方が珍しい。

有価証券でいえば有価証券市場，株なら株式市場，債券なら債券市場になる。有価証券以外の金融商品も含めて総称すれば金融市場になる。

③証券会社の役割ー発行市場と流通市場における4つの役割

有価証券に関する説明が長くなったが，証券会社の役割に戻ってみたい。

〈発行市場〉

すでに述べたように企業が直接金融でお金を調達する時に証券会社がその仲介をする。

その方法が「株」や「債券」を発行して，投資家からお金を集めるので，それを発行市場という。最初に有価証券が世に出る段階である。

発行市場での証券会社の役割は次の2つである。

（ア）　アンダーライター業務

有価証券を問題なく発行させることをいう。

会社が発行しようと思っても有価証券（「株」や「債券」）はそう簡単に発行できるものではない。有価証券は想像の産物であると同時に信用の産物でもある。買った人が被害にあうようなインチキがないように，発行にあたっては細かい基準が決まっている。だから専門家のサポートが必要。このプロが証券会社である。

「アンダーライター」とはもともと，契約書のような大事な書類の一番下に，その書類の内容が間違いないことを証明するために署名したことから始まる。下に署名するからアンダーライター。だから証券会社は企業の内容をよく調査し，企業が信用ある有価証券を発行することを手伝うことがアンダ

ーライター業務となる。

　ちなみに，保険会社が保険を引き受けるにあたって契約者やそのリスクのことを調べるので，保険引受人をアンダーライターといったりする。意味は同じである。

(イ)　セリング業務

　有価証券の発行と同時にその買い手を見つけることをいう。

　「株」や「債券」がちゃんと発行されても，投資家に買ってもらわなければ意味がない。

　だから，証券会社は有価証券の発行と同時にその買い手を探してくる。発行された有価証券を売るから，セリング業務となる。

　このように，証券会社は発行市場において「株」や「債券」を世の中にスムーズに送り出しているのである。

　不動産業者が，土地を開発して家を建て何もないところから住宅を販売する「新規分譲販売」と同じような役割が証券会社の発行市場での役割といえる。

〈流通市場〉

　次が流通市場だ。発行された有価証券が，世の中をぐるぐる回っていることをいう。新たに発行される有価証券よりもすでに発行された有価証券のほうがはるかに多いわけだから，流通市場が市場の中心になる。

(ウ)　ブローカー業務

　有価証券の買い手と売り手の間に立つ仲介機能である。

　この章の冒頭で述べたが，「証券会社から株や投資信託を買う」といった最も知られた業務だ。売買の手数料で証券会社は利益を出している。

　株は証券会社の窓口でも売買できるし，電話での注文の受けつけも多い。

　コマーシャルでよく宣伝されているように最近はインターネットでの株取引が盛んになってきている。

(エ)　ディーラー業務

　ブローカー業務が顧客の注文を受けて有価証券の売買を行うのに対して，証券会社が自分のお金を使って有価証券の売買を行うことである。もちろん

証券会社の役割

発行市場
↓
アンダーライター業務
セリング業務
↓
ブローカー業務
ディーラー業務
↓
流通市場

目的は売買によって利益をあげることにある。

それとブローカー業務を補完する役割もある。顧客からのある有価証券の売買注文を受けたとしても，かならずしもそれに対応する別の顧客がいるわけではない。その場合，自分の持っている有価証券を売買する。これによって売買がよりスムーズになる。ブローカー業務は顧客の注文に応じて仕入れを行うのだが，よく売れる商品は在庫で持っていた方が顧客への対応力が高い。ディーラー業務はその在庫のはたらきをしてくれることになる。

ここでも，世の中に有価証券，すなわちお金をぐるぐる回しているのである。

(3) 保険会社－補償機能と機関投資家機能
①補償機能
保険の仕組みはなじみが深い。

加入者からお金を預かり（このお金を「**保険料**」という），そのお金を保険会社が溜めておき，事故が起きた場合に事故者にお金を支払う（このお金を「**保険金**」という）。これが保険の補償機能である。

保険は世界最古の仕事の1つといわれるけれど，この仕組みは実によくできている。かつて筆者は誰もが知っている超有名な神社に保険をすすめに行ったことがあるけれど「当神社はたとえ事故が起きてもお金があるから保険に入る必要はない」と断られた。その時思ったのは「保険というのはお金がない人の最高の自己防衛手段である」ということであった。

〈補償機能：生命保険と損害保険〉

日本は法律で決まっていて，「**生命保険会社**」と「**損害保険会社**」に分けられている。

生命保険は「人の生き死に」によって保険金が支払われる保険であり，損害保険はそれ以外，すなわち火事や交通事故でお金が支払われる保険をいう。

ところが交通事故と同時に人が死ぬこともあり，これなどは生命保険，損害保険両方の対象となる。このように生命保険と損害保険の両方が扱える保険を「**第三分野**」と呼んでいる。

また，前述のように生命保険と損害保険は1つの会社では販売できないが，生命保険会社の損害保険子会社（またはその逆）といった子会社方式であれば可能である。また，子会社方式によらなくても，生命保険会社と損害保険会社の提携が進んでいる。だから，今，日本の保険会社は実質的には生命保険と損害保険両方を扱っていると思ってもらってよい。

これは規制緩和の賜物である。

次に保険はどこで加入できるのだろうか。

まずは生命保険。これは「保険のおばちゃん」と呼ばれる直販社員が最も多い。おばちゃんは，生命保険会社の社員なので，直接販売する直販社員となる。

一方，損害保険は代理店が販売の主力。街の中古車販売店や不動産屋に「○×損保」とか「△◇海上」とかの看板を見たことがあるだろう。代理店

は保険会社から独立して，保険会社を代理して保険契約を結ぶことになる。

最近は窓販といって銀行でも一部の保険は加入することができる。

もちろん，銀行・証券と同じで，保険においても電子マネーの波は押し寄せている。電話による通信販売やインターネットを介した保険販売が増大しつつある。

②機関投資家機能

保険会社の機能としてはあまり知られていないが，保険会社には補償機能のほかにもう1つの大きな役割がある。それが「**機関投資家機能**」である。この本は金融の本なのでむしろこの機関投資家機能を理解してもらう方が重要である。

保険会社には保険料という形でお金が集まってくる。集まった保険料は事故の時に保険金として支払われるが，この時間差の分だけ保険会社は常にお金を持っていることになる。

また，商品によっては「私たち保険会社はお客さんに代わって金利＊＊％で運用して事故がなければ掛け金（保険料）をお返しする」といったように，むしろ資産運用を武器にしている商品がある。（積立型保険）。

保険会社の場合，このお金が入ってから出て行くまでの時間がかなり長い。生命保険であれば何十年というのもある。だから預かったお金を有効に資産運用する必要があるのである。

運用で儲かればそれだけお客さんからの保険料を安くできるし，保険会社も潤うことになる。

世界的に見るとこの運用収益は保険会社にとって最も重要である。「**コンバインドレシオ**」という指標がある。

　　　コンバインドレシオ＝損害率＋事業費率

　　　損害率＝保険料収入に占める保険金支払額などの割合

　　　事業費率＝保険料収入に占める経費などの割合

これは「保険ビジネスだけで儲かっているか損しているか」をあらわすものであり，100％がちょうど益も損もなく，100％未満が黒字で100％超が赤字である。幸い日本ではまだ100％未満だけれど，欧米諸国では軒並み100％

を超えている。保険会社でありながら保険ビジネスでは利益が出ていないのである。だからその穴埋めに資産運用が重要となっている。

　保険会社のように，プロとして資産運用を行い，巨額なお金を投資している集団を「**機関投資家**」という。保険会社のほかには，信託銀行，年金基金，投資顧問会社なども機関投資家に入る。

　機関投資家は常に株や債券を売買し，お金をぐるぐる世の中に回している。

　もう1つ重要なのは，「機関投資家のお金はみんなのお金の集まりであり，投資をするのなら，単に利益ばかりでなく，みんなのためになる投資をすべき」ということにある。

　これについて新しい動きがある。「**社会的責任投資（Socially Responsible Investment,SRI）**」と呼ばれるものである。詳しくは後述するが，社会的責任投資とは「投資というものは単に利益だけをあげるだけではなく，社会的・倫理的な要素も考慮しなければならない」ということである。

(4) ノンバンク

　信販会社や消費者金融をいう。

　信販会社はクレジットカードを発行しているところで，読者の中には「○×信販」のクレジットカードを持っている人もいるであろう。

　消費者金融とは，主に個人を相手にお金を貸してくれるところである。「サラ金」と呼ばれることもある。街に無人店舗が多くある。

　本書のテーマである会社のライフサイクルにはあまりかかわってこないので，世の中に「ノンバンク」と呼ばれる金融機関があるという程度の理解でかまわない。

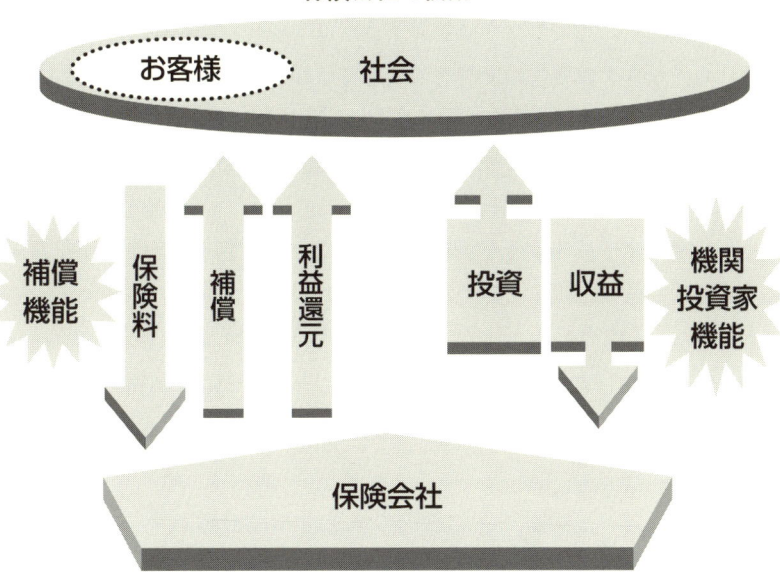

保険会社の役割

（図：お客様・社会 ↔ 保険会社
補償機能：保険料／補償／利益還元
機関投資家機能：投資／収益）

5　金融サービス機関のリスク

　金融サービス機関の本業は，金融サービス商品の販売（例えば保険業の場合は保険の販売）と，販売で得た資金をいかに運用するかの2点である。前者を単純にマーケティングと呼べば，マーケティング活動の成果により金融サービス機関の売上げや収益が変化する。後者を資産運用と呼べば，資産運用の成果（運用利回りなど）により金融サービス機関の資産が変化する。こうした売上げや収益の額そして運用利回りは常に変化し，その予測は勿論可能だが，正確に言い当てることはできず常に不確実性を帯びている。この不確実性を我々はリスクと捉えている。もう少し正確にいえば，こうした損失の可能性とともに利得に関する不確実性も同時に有しているリスクを投機的リスクという。

こうした本業に関わるリスク以外に，全ての企業，人は次のような損失の発生可能性に常にさらされている。これらは金融サービス機関に特有のものではなく，リスクの発生頻度やその大きさはリスクによりまたリスクに直面する企業や個人により異なるが，全ての組織や個人が共通に直面するものである。例えば地震，火災などの災害がそれである。こうした損失しか生じさせないリスクを純粋リスクという。

　さらに金融サービス業務を継続していくための事業運営上起こりうるリスク，例えば社員の犯罪，システムダウンなどのリスクもある。

　上記のことをまとめると次の図のようになる。こうしたリスク分類は，リスクを損失か利得かにより分類したもので，伝統的なリスク分類といえよう。

金融サービス機関の伝統的リスク分類

金融サービス機関
- マーケティングリスク
- 運用リスク
- 事業運営上のリスク

地震、火災などの純粋リスク →

　上のリスク分類はかなり大雑把なものだが，保険業を例にとり，さらに次のようにリスクを細かく分類することもできる。

- マーケティング・リスク：料率設定，商品開発，販売，チャネル設定，情報開示，保険金の支払いなどに関するリスク
- 資産運用リスク：信用リスク（債務不履行リスク），市場リスク（金利，保有証券の大幅な価格下落，為替相場の変動），流動性リスク（換金性欠如），ALM（資産と負債の管理ミスによるリスク）
- 事業運営上のリスク：社員の不正，法令違反，情報漏えい，税務面での問題など

　最近のリスクマネジメントでは，上記のようにリスクを純粋リスクと投機的リスクに分ける考え方から，リスクの源泉が企業内部かそれとも外部かを踏まえると同時に，企業経営との関連を考慮してより機能的に分類する考え方が出ている（ビジネスリスクの分類図参照）。

　これまでにない現代的なリスク分類だが，これら4つのリスクの中で（戦略リスク，オペレーショナル・リスク，金融リスク，ハザードリスク），米国の調査では，企業家は戦略リスクが最も重大なリスクであるとしている。戦略リスクとは，「企業幹部による意思決定に関するリスクであり，具体的には法律・規制が経営に与えるリスク，経営戦略，マーケティング戦略，戦術に関わるリスクなど」をいう。

　次に重大視されるリスクがオペレーショナル・リスクである。オペレーショナル・リスクとは，「商品の生産・販売に必要な人，プロセス，技術に関わるリスクであり，具体的にはシステムリスク，ヒューマン・エラー・リスクなど」をいう。金融リスクとは，既述したとおり企業の投融資に関わるリスクである。ハザードリスクは本来「リスクやペリル（事故）の発生頻度や損害の大きさに影響を与える潜在的要因」をいうが，ここでは自然災害や企業の運営環境を逸脱したところから生じた不測の出来事に関するリスクをいう。この多くは保険で対応可能なリスクだが，戦略リスクやオペレーショナル・リスクは保険対応が不可能か困難なリスクといえる。

　こうしたリスク分類はリスク理解に有用だが，実際はこうしたリスクが互いに関連しながら企業に生じるわけである。こうしたリスクを効果的に管理し，企業の利害関係者の価値を最適化することが重要になる。

企業のリスクマネジメントは利害関係者価値を最適化するために重要なのである。リスクマネジメントの考え方に関しては，本書第4章を参考にして欲しい。

ビジネスリスクの現代的な分類（保険会社の例）

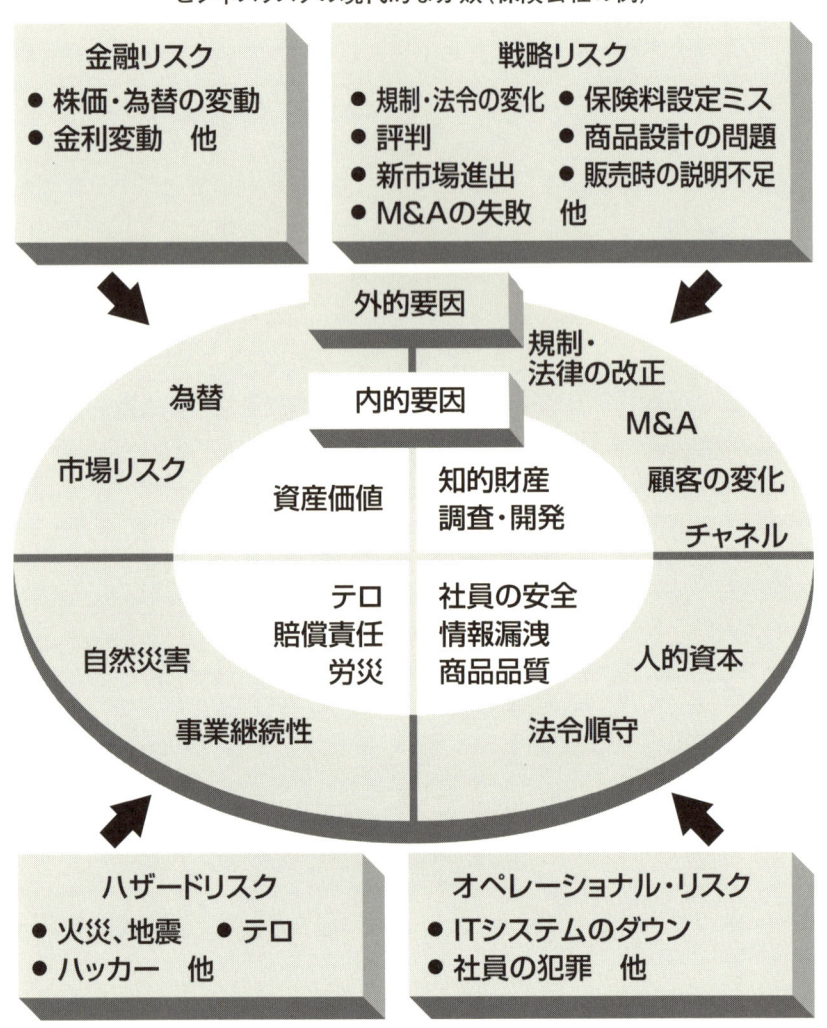

金融リスク
- 株価・為替の変動
- 金利変動　他

戦略リスク
- 規制・法令の変化
- 評判
- 新市場進出
- M&Aの失敗
- 保険料設定ミス
- 商品設計の問題
- 販売時の説明不足　他

外的要因
内的要因

為替
市場リスク
自然災害
事業継続性

資産価値
知的財産
調査・開発
テロ
賠償責任
労災
社員の安全
情報漏洩
商品品質
法令順守

規制・法律の改正
M&A
顧客の変化
チャネル
人的資本

ハザードリスク
- 火災，地震　● テロ
- ハッカー　他

オペレーショナル・リスク
- ITシステムのダウン
- 社員の犯罪　他

出典：マーシュブローカージャパン，Corporate Profile, 2003, p.3 参照に，一部訂正の上，上田が作成。

6 金利の話 — 金利はお金の使用料

　銀行にお金を預けると利息がつく。一方銀行からお金を借りると利息を払わなければならない。これが「**金利**」である。

　金利はお金の使用料みたいなものである。

　金融とはお金を融通することだから，お金を貸したり借りたりすることでもある。お金のレンタル料金だと思ってもらえばいい。

　ものを貸すのもお金を貸すのも同じだけれど，返してくれないとその分損をするので，そのような人には貸したくない。よってお金を返してくれない可能性が高い人には金利を高くすることになる。リスクについては別の章で詳しく説明するが，お金が返ってこない可能性のことを「**クレジットリスク（信用リスク）**」という。

　次にお金を貸す期間も大事である。

　通常は，期間が長いほど金利は高くなる。

　まず，貸す方として，お金を他の有利な運用手段に使えない期間が長くなる。

　また，通常は「**固定金利**」といって，金利の利率を一定で貸し出すので，あとで金利が上がっても低い金利のままで貸し出しを継続しなければならない。一方，世の中の金利情勢に応じて，貸出金利が変化することを「**変動金利**」と呼ぶ。

　それと，たとえお金を貸す時に信用できる先でも，長い期間にはいろんなことが起きるから，お金が返ってこない可能性，すなわち信用リスクも期間が長いほど大きくなる。

一歩進んで!

金利と景気

　「景気」という言葉を知っているはずだ。「世の中，景気が悪くて」「景気はどうですか？」と日常耳にする。景気という言葉は実は曖昧で，いろんな人がいろんな使い方をするけれど，「景気がいい」とは「世の中のものやサービスの取引きが活発で，企業や人々の所得が伸びている状態」と思ってもらっていい。だから，景気がいい時は人々が総じて幸せである。

　この「人々の幸せ」をはかるバロメーターともいえる「景気」と「金利」はどういう関係にあるのだろうか。

　結論を先に言おう。

　景気が悪い時には金利が低くなり景気を回復させる働きをする。一方，景気が良い時には金利が高くなり景気の過熱を防ぐ働きをする。

　事業を始めるためにお金を必要とする人になって考えてみよう。

　今の社会は資本主義社会といって，原則誰でも自由に，事業を始めたい人はお金を集めてきて事業を始め，その事業の儲けでお金を出してくれた人（投資家）に利息をつけてお金を返す仕組みとなっている。

　ここで大事なことは，借りた金利よりも始める事業の儲けが大きくなければならないということ。例えば1億円を金利3％で借りて事業を始めたとする。毎年払わなければならない利息は300万円。事業の運営費と自分の生活費が年間500万円かかるとする。儲けなければならない最低金額は300万円＋500万円＝800万円。800万円は1億円の8％だから，3％で借りたお金で8％以上の儲け，すなわち借りた金利よりも5％以上上乗せして儲けないと，借りたお金を返せ

ないばかりか，利息を払っているだけで手持ちのお金はどんどん減ってしまう。最後には底をついてお金が返せなくなる。

ここで，金利が低くなって借りる金利が1％となったとしよう。借りたお金より5％上乗せするためには1億円の6％すなわち600万円以上儲ける必要がある。しかし，800万円儲けるよりもずいぶん楽な話だ。だから，このように金利が低ければ，新しく事業を始めることは容易となる。既存の会社も通常何らかの形で借金を抱えているので，新しい事業者でなくても事業展開が楽になる。個人が住宅を買う場合でも借金をする人が大半なので，金利が低いと住宅を購入する人が増える。

このように，金利が低いと経済活動を刺激することが多いので，景気がよくなることになる。

逆に金利が高くなったらどうであろうか。例えば金利3％が5％に上がると，儲けなければならないお金は1億円の10％（＝5％＋5％），すなわち1,000万円となる。これは厳しい。金利が下がった時の逆で，借金をしようとする人は減るので，経済活動は鈍くなる。

この金利と景気の関係は，にわとりと卵と同じで，どちらが先とは一概にいえない。

ただ，「日本銀行」は「金融政策」といって，金利を上げたり下げたりする機能を持っている。この金利の上げ下げで，景気を刺激して不景気を好景気にしたり，金利を上げて行き過ぎた景気を冷やそうとしている。

読者の中には，不景気を好景気にするのはわかるが，「なぜ好景気を抑制するのか？」と思われる方もいるであろう。一般的に好景気は良いことなのだが，それが過剰になると，「インフレ（インフレーション）」といって物価がどんどん上がってしまったり，「山高ければ谷深し」であとの反動が大きくなる（一歩進んで！：バブル期と不良債権問題参照）。一般的に自動車はスピードがある方がいいけれど，スピードが過ぎると車の事故の危険性が高くなるし，ガソリンだ

金利と景気

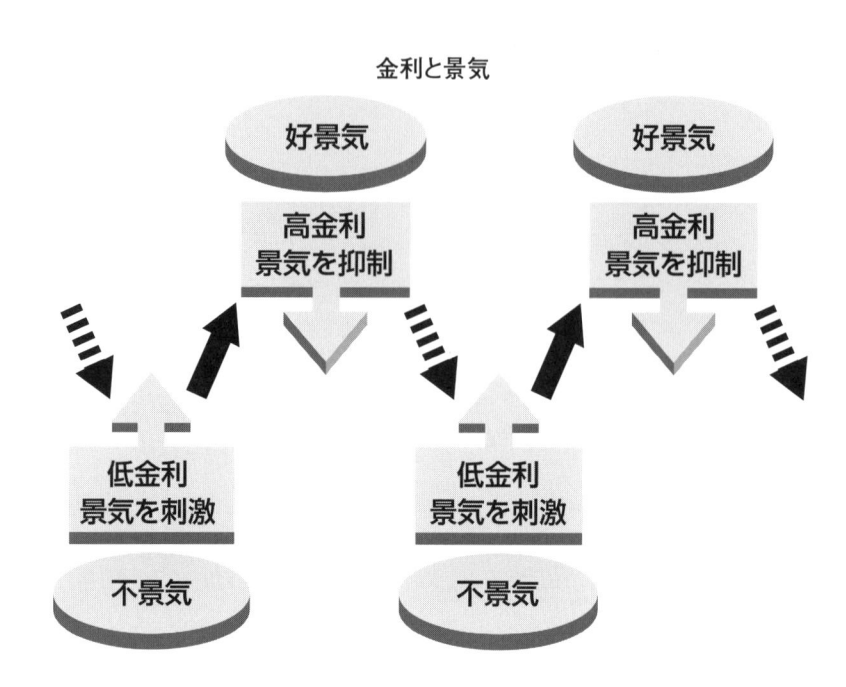

好景気 → 高金利 景気を抑制 → 低金利 景気を刺激 → 好景気 → 高金利 景気を抑制 → 低金利 景気を刺激
不景気　　　　　　　　　　　　　不景気

って早くなくなる。だから政府としてはなるだけ「巡航速度で景気を長持ちさせる」ためにこのような金融政策を行うわけである。

一歩進んで!

デフレってなに？

　最近,「デフレ（デフレーション）」という言葉をよく聞くようになった。
　デフレとは「物価が下がる」ことをいう。反対に「物価が上がる」ことを「インフレ（インフレーション）」ということはすでに説明した。

　物価が下がることは，同額のお金を持っていてもより多くの品物が買えるわけで，生活費も少なくてすむ。これは一見すると幸せなことのようにみえるが，実は単純にそうではない。収入も同じように減ってしまうからである。人によっては「デフレは悪だ」と言い切る人がいたりする。
　なぜデフレは悪なのだろうか。それは日本経済が長期で低迷しているからであり，デフレが続くとこの低迷も続くからである。
　人は成長期にあると若々しく輝いているが，老年期に入ると体は衰退しやがて死にいたる。社会も同じで，経済の低迷期のデフレは，人の老年期と同じ現象であり，このままでは経済が若返らなくなってしまうのである。
　金融の原点を考えて欲しい。人が新しく事業を始めようとする場合，お金をどこからか調達する。物価が上がるインフレの場合，お金の価値は下がっていくので，お金を借りた人には有利に働く。だから，お金を借りて新しく仕事を始める人が増え，経済は活性化する。インフレがひどすぎることをハイパーインフレといって，これは経済にとって悪いのだけれど，適度なインフレは経済成長にとって心地いい環境となる。自分の体温よりもちょっと高い温度のお風呂に入るのが気持ちいいようなものだ。

しかし，デフレはこの逆で，水風呂に入るとどんどん体温を奪っていくように，経済を悪化させてしまうのである。
　現実に過去，日本の経済は伸び続けたのだけれど，やはりゆるやかに物価も上がっている。過去日本ではデフレの経験はほとんどない。
　この珍しいデフレはなぜ起きるのだろうか。
　いろんな原因が絡まっているようだ。
　まずは，不景気。不景気で製品やサービスが売れない。だから値段を下げる。しかし，値段を下げれば企業の収益が下がり不景気が続く。この辺は「不景気とデフレ」が「にわとりと卵」のように悪循環を起こしている。
　これに関連して，資産の目減りに伴う金融要因も大きいようだ。前述の「バブル期と不良債権問題」を思い出して欲しい。あの頃は値上がりする土地や株を担保にお金がどんどん供給されたけれど，今はその逆となっている。貸し渋りに伴い銀行はお金の返済をせまり，企業が商品仕入れや設備投資を押さえている。
　安い輸入品の増加もある。読者は100円ショップへ行ったことがあるだろう。昔では100円で買えなかった日用品が100円均一で売られている。その商品のほとんどが安いコストでつくられた輸入品である。食べものも同じである。昔は高級品として口にできなかった「うなぎ」は今や誰でも口にすることができる。また，あまりに安くて貿易問題になった中国産の「しいたけ」や「ねぎ」は安い輸入品の典型といっていい。
　また，ITを含めた技術革新もあげられる。
　例えばインターネットが普及することにより，情報にかかるコストが劇的に低減した。
　インターネットを通した通信販売も増大した。通信販売のメリットは売り手が店舗を持たないことからコストを低く押さえることにある。だから，同じ商品であっても店舗を持っている所に比べものを安く販売できるわけである。

デフレと不景気

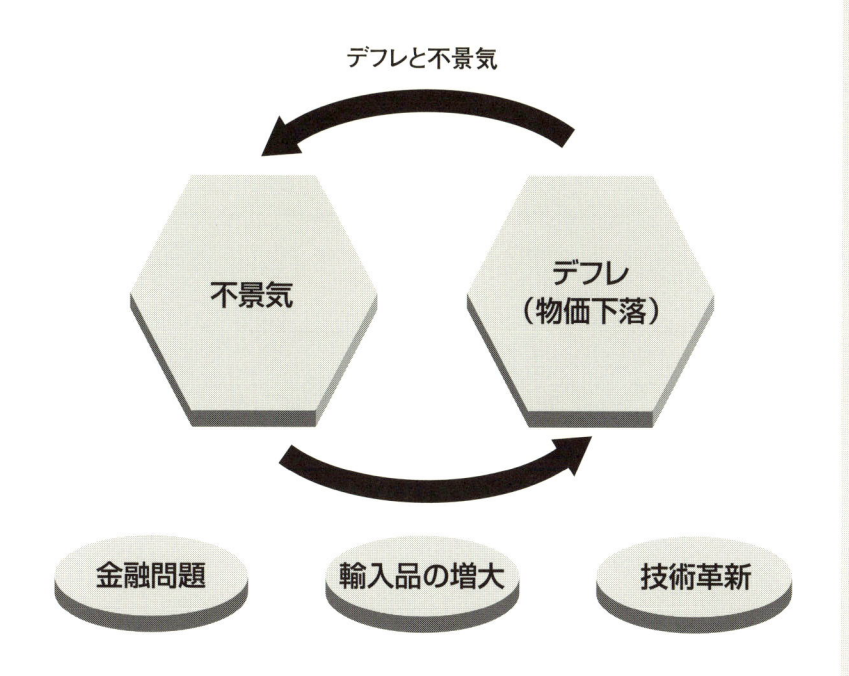

不景気 ⇄ デフレ（物価下落）

金融問題　輸入品の増大　技術革新

一歩進んで!

外国為替とは

　読者の中には海外旅行が好きな人もいると思う。日本人がよく行く観光地やそのおみやげもの屋では「日本円」で買いものができたりするのも珍しくない。しかし，何といっても，「現地」の通貨を使って買いものをして，慣れないお金で，代金を払ったり，またおつりを受け取ることは，いかにも異国にいる気分になり，わくわくするものである。

(1) 外国為替

　「**外国為替**」とは，円とドル，円とユーロ，ドルとユーロといったように，異なる通貨を交換することをいう。外国為替を略して「外為（がいため）」と呼ぶこともある。

　お金とお金の交換なので，売買をしていないように感ずるかもしれないが，実際はお金の売買と同じである。すなわち，アメリカに旅行をするために，自国の通貨である円をドルに交換することは，「ドルを買う」ことであり，その反対として「円を売っている」ことになる。

(2) 外国為替相場

　ものの値段が一定でないように，この異国通貨どうしの交換比率は常に変化している。ニュースで「本日は1ドル○○○円でした」とか「ただいまニューヨークでは1ドル△△△円です」といっているのを聞いたことがあるであろう。この交換比率のことを「**外国為替相場（外国為替レート）**」という。

世界で最も経済力があるのはアメリカである。だから，為替相場においては「1ドル○○○円」または「1ドル△△△ユーロ」というように，1ドル当たりの他国通貨の価値で表示するのが世界的に基本となっている。なお，それにならって日本では，ドル以外の通貨においても「1ユーロ○○○円」とか「1ポンド＋＋＋円」と表すのが通常である。これを「邦貨（自国通貨）建て」表示という。この逆が「1円○○○ドル」という表示であるが，これを「外貨（外国通貨）建て」表示という。

(3)円高・円安

　円の価値が上がることを「**円高**」といい，逆に下がることを「**円安**」という。「円高」のことを「円が強くなった」，逆に「円安」のことを「円が弱くなった」ともいう。

　新聞やニュースで，「今日は＊＊円，円高が進みました」とか「円が弱くなることによる産業界への影響」などという言葉を聞いたことがあるであろう。

　ここで少しややこしいのは，「1ドル120円だったものが，1ドル100円になった」場合，「20円「円高」になった」ことになることである。一見すると逆のようであるが，ドルを「モノ」と考えるとわかりやすい。ドルが大根と同じであれば，1本120円の大根が100円になったわけであるから，大根の値段が「安くなった」といえる。逆の言い方をすればお金の価値が「高くなった」わけである。よって，「1ドル120円だったものが，1ドル100円になった」場合は，「20円「円高」になった」といえるし，別な言い方として「20円「ドル安」になった」といってもいい。

(4)なぜ外国為替相場は変動するのか

　外国為替相場は常に変動している。むしろ，かなり変動が激しいものであると思ってもらってよい。その原因は様々であり，一概に決定的なことはいうこ

とはできない。

　主なものとして下記があげられる。

①需要と供給

　円をドルに交換することは，「ドルを買うこと」と同じである。ものの値段が需要と供給（需給）よって決まるように，外国為替もこの需給に左右される。オークションを思い出して欲しい。限られたものにそれを買いたい人が多ければ，そのものの値段はどんどん上がっていく。

　例えば「輸入業者がアメリカからものを輸入し，その代金をドルで支払う」とか「アメリカに海外旅行する人が多くなる」といった「ドルを買いたい人が多くなる（ドルの需要が多くなる）」と，「今まで120円で１ドルが買えたものが140円出さないと１ドルが買えなくなる」といった「ドル高（円安）」が進むことになる。

　この需要と供給を発生させる主なものには「貿易」「資本移動（海外への投資や融資）」「投機（短期的に外国為替の変動だけで儲けようとする動き）」がある。

②経済力の差

　通貨はその国の経済力のあらわれでもある。経済力が強いとその国の通貨は強くなる。

　日本の経済がどんどん回復しアメリカよりも好調だとしよう。「その国の通貨を持つことはその国の財産を持つことでもある」ので，アメリカよりも日本の経済が好調であれば，日本の方が信用できるとなり，その信用できる日本の財産，すなわち，日本円が買われることになる。この結果「円高」が進むことになる。

　経済力は「**GDP（国内総生産）**＝一定期間内，国内で生産された生産物・サービスなどの付加価値の合計，経済力をはかる代表的な指標」，「**国際収支**（貿易など国際的な取引が国として儲かっているかどうか示したもの）」，「インフレ率」，「失業率」などの総合的な指標で判断される。この経済の基礎的諸要因を

「ファンダメンタルズ」と呼ぶことから，これを「ファンダメンタルズ説」と呼ぶこともある。

③購買力平価

世界中のものの値段はすべて同じとしよう。例えば，コーラが1本100円とする。アメリカではコーラが1本1ドルとする。ものの値段が同じであるので，この場合，為替相場は，1ドル＝100円ということになる。しかし，実際の為替相場は1ドル＝90円だったとしよう。輸入に伴う運送コストなどを無視すれば，コーラ1本が90円で買えることになり，アメリカから安いコーラをどんどん輸入し日本で売って儲けようとする人があらわれるであろう。この人はコーラを買うためにドルを買うので，これに伴い為替相場も「ドル高」へ進み，結局は儲けがなくなる1ドル＝100円に落ち着くことになる。

このように「どこの国でものを買っても値段が同じになるように為替が動くこと」を「購買力平価（または購買力平価説）」と呼ぶ。

なお，現実に「日本と外国でものの値段が異なること」は珍しくなく，これを「内外価格差」と呼ぶ。

④内外金利差

前述の「購買力平価」が「内外のものの値段の違い」に起因するものであったが，「内外の金利の違い」によっても同じように外国為替は変動する。

日本の金利が1％でありアメリカの金利が5％であったとしよう。為替相場が動かなければ，日本人がドルを買ってアメリカでドル預金をして，1年後には日本よりも4％多い，5％の利息を受け取ることができる。しかし，実際は同じことを考える人が多く，同じ行動をしようとする。結果としてドルを買う人が増え，ドルを買っても儲からないところまで「ドル高」が進むことになる。すなわち，「2国間で金利差がある場合，金利が高い国の通貨が高くなるように為替が動く」ことになる。

繰り返しになるが，上記はあくまで理論上の原則論であり，実際の為替相場

はもっと複雑である。また，政治的な要因で動くことも多い。筆者は資産運用に携わっているが，「外国為替相場の予測」は最も難しいと思っている。

(5) 円高・円安の影響

　外国為替相場が円高・円安に進むと日本の経済にどんな影響が起きるのであろうか。一番端的なのは，輸入品と輸出品であろう。

　まず，輸入品を考えてみたい。円高が進めば輸入品は安くなる。先程のコーラでいえば，同じ１本１ドルのコーラを輸入しても，１ドル＝100円から１ドル＝90円に円高が進めば，同じものを10％安く買うことができる。円高が進むと輸入業者や外国からものを買っている企業はメリットを得ることになる。

　しかし，同じ円高でも，輸出業者や外国にものを売っている企業にはデメリットに作用する。自動車を１台１万ドルでアメリカに輸出していたとする。１ドル＝100円であれば100万円が自動車１台の売却代金である。しかし，１ドル＝90円となれば，同じ車でも90万円しか売却代金が入らないことになる。これでは利益が出ないので，日本円で１台当たり100万円を得るには，自動車を約１万1,000ドルに値上げしなければならない（１万1,000ドル／円×90円≒100万円）。これでは１台当たり100万円の売上を確保しても，アメリカ人にとっては自動車が値上がりしたため，その結果販売台数は減ることになる。このように，円高は輸出業者にデメリットを与えるのである。

　円安になれば上記の反対のことが発生する。

　日本全体としては，円高・円安の景気への影響はどうであろうか。

　日本は貿易立国であり，鉄や石油などの原材料を輸入して，加工して，自動車などの製品を輸出している。輸入額よりも輸出額のほうが大きい。よって，「一般的には円高は日本にとってデメリットが大きい」といわれており，現に，1985年（昭和60年）頃は急激な円高の進展で「円高不況」と呼ばれる経済が低迷した時期があった。

しかし，もともと外国為替の円高・円安には前述のように二面性がある。また，現在では輸出業者が工場を海外に移転し，コスト削減と為替の変動の影響を受けなくなっているケースも多い。また，実物資産よりもはるかに大きな金融資産が為替の変動に大きな影響を与えている。
　昔に比べ，日本全体として円高・円安のメリット・デメリットは計りにくい状況にあるといってよい。「エコノミスト」と呼ばれる経済の専門家の間でも，為替変動における景気への影響について意見は分かれている。
　以下に，円高・円安の影響をまとめておくので参考にされたい。

メリット：○　デメリット：×

	輸入業者	輸出業者	物価	海外投資	海外旅行	景気
円高	○	×	○	×	○	× （異論あり）
円安	×	○	×	○	×	○ （異論あり）

円高と円安

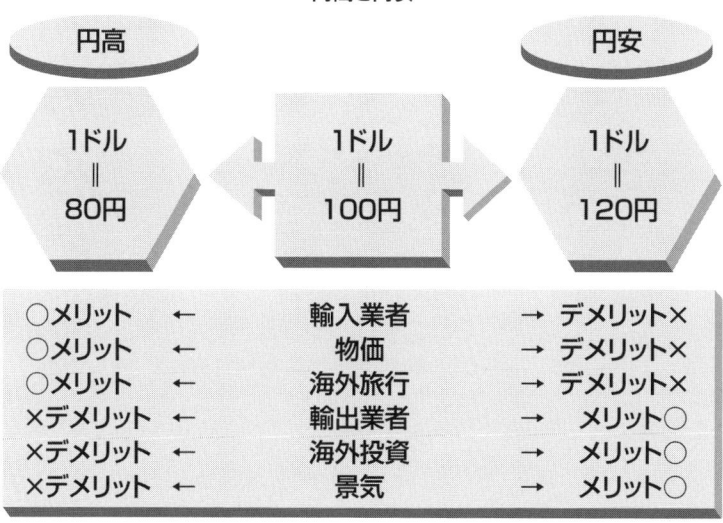

円高		円安
1ドル＝80円	← 1ドル＝100円 →	1ドル＝120円

○メリット	←	輸入業者	→	デメリット×
○メリット	←	物価	→	デメリット×
○メリット	←	海外旅行	→	デメリット×
×デメリット	←	輸出業者	→	メリット○
×デメリット	←	海外投資	→	メリット○
×デメリット	←	景気	→	メリット○

第2章
会社ってなに？

1
なぜ会社をつくるのか

2
株式会社

3
株式市場

4
ステークホルダー（会社をとりまく人々）

1 なぜ会社をつくるのか

(1)会社の存在意義

　結論を先に書こう。

　「会社はその業務を通して人々を幸せにする社会的意義を有し，その存続条件として利益をあげ続けなければならない」。これが本書の一貫した主張である。

　重要なのでぜひご理解いただきたい。

　ここで「人を幸せにする」とは，単にボランティアや寄付といったことをいうのではない。会社が，業務を通して人を幸せにすることをいう。社会に役立つといってもいい。

　会社は目的があって設立されたものである。だから，会社が行う業務には何らかの社会的意義があるはずである。これは会社の存在意義または社会的ニーズといってもいい。本書のテーマである金融サービスを行う銀行・証券・保険に限らず，自動車・電気製品といったメーカーにおいても，その社会的意義がなければ会社をつくらない。また，社会的意義がないと会社が長続きしない。

　人という字は2人の人間がお互い支えあっている姿からきているということをご存知であろう。人は1人では生きられない。何かをしようとする場合，皆が協力して，適切なリーダーのもと，1つの目的に向かう方が合理的である。

　例えば，読者が机をつくりたいとする。もちろん1人ですべてをこなすことは可能であろうが，木を切る人，削る人，釘を打つ人，塗料を塗る人と，皆が手分けした方が効率的にできるし，各人が自分の担当に上手になるので，出来あがる机は安くて品質がよくなる。机が欲しい人にとっては，机をつくる専門の人がいる方が便利で幸せである。

　ましてや，つくるものが自動車やコンピュータなら複雑すぎて，とても1人ではつくることができない。

だから，世の中には複数の人が1つの目的に向かって共同作業をする仕組みが存在する。

これが組織であり，会社は目的を遂行する有力な組織の一形態である。

会社は，ものやサービスを人に提供する。だから，良いもの・良いサービスをより安く提供すれば皆の支持が得られ，売上は伸び，会社は利益をあげることができる。

良いもの・良いサービス，その要素は，性能がいい，便利だ，安全だ，環境にやさしい，満足感がある，などである。「人の不幸は様々であるが，人の幸福はみな同じようである」という言葉があるように，人を幸福にするものは共通であり，皆に求められるのである。

会社は存在し続けなければ，人を幸せにするものもサービスも提供し続けることができない。また，会社が利益をあげていても，利益追求のために，それにかかわる人々（会社を取りまく人々を「**ステークホルダー**」という）に犠牲を強いていては，これも長続きすることではない。例えば，会社の利益のために，従業員が過労死をしたり，取引先に無理な取引きを強いることがあってはならない。一時的には利益を確保できても，このような会社はいずれ行き詰まる。

かかわる人皆がよくなることを，英語で「**Win Win**」というが，会社はその関係の中心的存在である必要がある。

本書の主張は何も新しいものではない。

会社がもともと設立された存在意義の原点に戻ろうとすることだけである。繰り返しになるが，単に利益をあげることだけが会社の目的ではないし，ましてや，利益のために何をやってもいいわけではない。会社は社会と共に発展しなければならない。

自動車王ヘンリー・フォードの言葉に「お金以外何も生み出さないビジネスは貧しいビジネスである」というのがある。フォード自動車を創業し，希代のケチといわれながらも，自動車生産を通して世の中を豊かにし，ひいては自動車文化を創った人らしい含蓄ある言葉である。

また，近江商人という言葉を聞いたことがあるかもしれない。彼らは今の滋賀県出身の人々で，江戸時代に商業で活躍した。複式簿記といって今とほ

ぼ同じ会計方法を世界で最も早く利用していた人々であり，日本の発展に貢献した人々である。三井財閥の祖である三井高利はその代表的な人物といえる。

彼ら近江商人の格言に「商売は三方良し」というものがある。「三方とは売り手，買い手，世間，を指し，この三方すべてがよくなるようにするのが商売である」ということであり，またそうしなければ商売は長続きしないといういましめでもある。取引きの当事者ばかりでなく世の中にも貢献するような仕事をすべきという意味である。

洋の東西を問わず，これらは先人の智恵であり，本書の主張が何も新しいことではないということがわかってもらえるであろう。

会社の存在意義

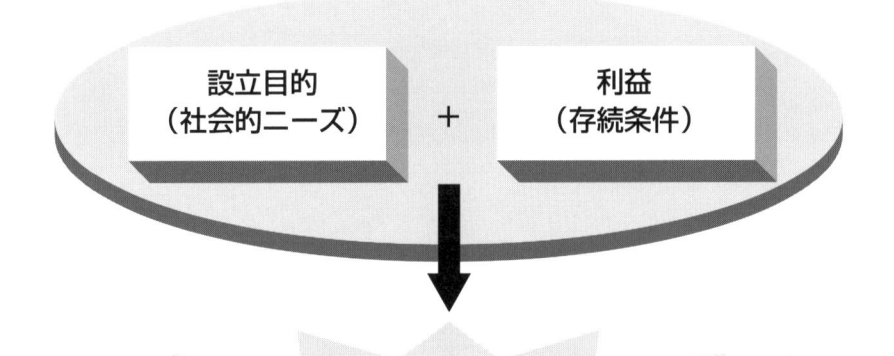

設立目的
（社会的ニーズ）
＋
利益
（存続条件）

↓

業務を通じた社会的ニーズの継続的な達成
（幸福な社会への貢献）

2 株式会社

(1) お金を集める手段としての「株」

「会社」と一言でいうが，代表的な「**株式会社**」のほかに，有限会社・合資会社・合名会社などがある。ここでは株式会社さえ理解してもらえれば十分である。

「株」の話は簡単に述べてあるが再度記述したい。

まず大切なことは，会社を始めるにあたってのお金を集める手段が株ということである。

ある人が事業を起こそうとする。十分な蓄えがある人なら別だが，新規事業を起こそうとする若者には通常お金はない。だから，自分の手持ちの自己資金に加えて，他人から事業資金を集めなければならない。そのお金集めの方法が株を発行することである。すでに株を発行して事業を行っている会社がさらなる事業資金が必要で，追加で株を発行することもある。これを「**増資**」という。

自分の事業に対して投資家を募って会社のオーナーになってもらうわけである。

この株を発行することによって設立された会社が株式会社となる。

株は広く流通することができる。だから株主を募りやすいわけである。

(2) 経営と所有の分離

株式会社は誰が所有しているかすでにおわかりであろう。株主のものである。経営者や従業員は，株主に出してもらったお金をもとに株主に代わって会社を運営している。もちろん，経営者や従業員は株主のために一生懸命働くのだけれど，自分の大切なお金を出した株主だって，経営者や従業員への監視責任がある。

この「経営と所有の分離」は次の三者によって構成される。

①**株主**：会社の所有者，経営者を信頼してお金を拠出した投資家
②**取締役**：株主によって選任され，会社の経営者が株主の意向にそって経営しているかを監督する人々
③**執行役員**（従業員）：会社の経営に実際に携わる人々

「株主」は数も多く，投資家ではあるが実際の経営にはなかなかタッチできないので，会社を監督するための「取締役」を株主総会で選任する。いわば，株主の利益代表が「取締役」である。株主は取締役を通して会社を間接的にコントロールする。これを「**コーポレートガバナンス（企業統治）**」という。

そして，実際に会社を経営するのは，執行役員と彼らが率いる従業員である。それと，株式会社は多くの株主に経営内容がよくわかるように，会社内容を公表するように求められている。これを「**情報開示（ディスクロージャー）義務**」という。

日本の場合，取締役と執行役員を兼任しているケースがほとんどで，本来

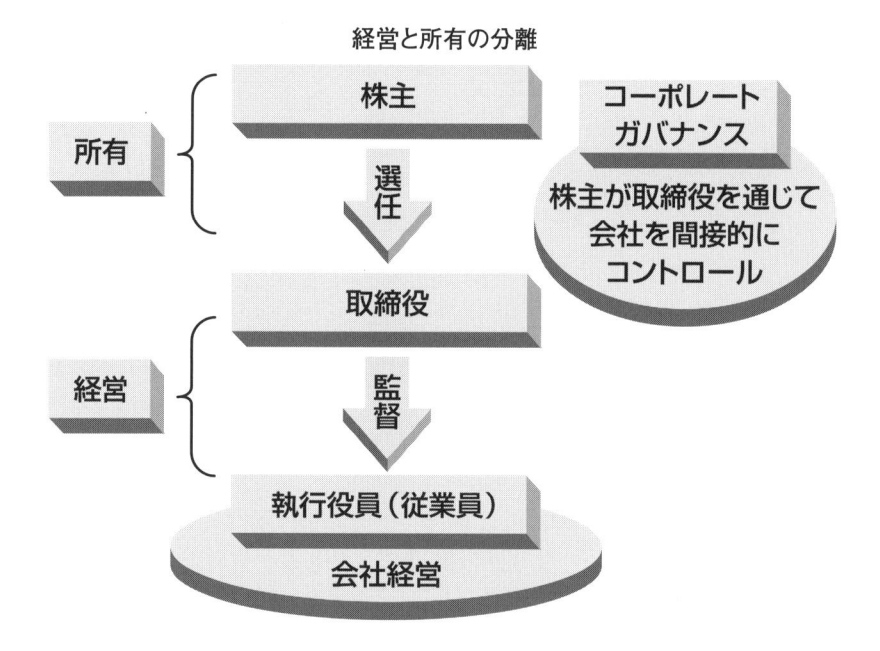

経営と所有の分離

所有 { 株主 }
　　　↓選任

コーポレートガバナンス
株主が取締役を通じて会社を間接的にコントロール

経営 { 取締役 }
　　　↓監督
　　　執行役員（従業員）
　　　会社経営

緊張関係にあるべき取締役と執行役員の役割が明確に分離されていない。執行役員は経営者の代表である。一方，取締役は会社の所有者の代表である。だから，「経営と所有の分離」がなされていない。正確には所有者である株主のコントロールがきかない状態になっている。

残念ながら，先進国の中で，日本の株式会社がこの点最も遅れている。

だから，企業の認識も低く，執行役員にしても，「リストラで取締役を増やせないので，その代わりの肩書き」と思っている人がいたりする。これは大きな間違いである。

日本の場合，取締役は会社での出世の象徴に思われている。だから取締役になった人は会社への忠誠心も高い。また，本来は株主総会で取締役に選ばれるのだけれど，実質的には今の経営者に取締役にしてもらっているので，なかなか経営トップに逆らうこともできない。米国では，取締役は「社外取締役」がメインである。社外から取締役を招聘し，会社とは独立した立場で経営者を監視することになる。

(3) 株主の有限責任

「株主の有限責任」とは，株主は自分が出したお金以上は会社の行為に対して責任を持たないということをいう。

「ものの所有者はそのものから起因した結果に責任を持つ」ということが世の中の原則だ。例えば，読者が犬を飼っているとする。犬は生きものでかけがえのない友達かもしれない。しかし，法律的には「モノ」と同じになる。だからその犬が，何もしない他人に噛み付いたら，読者は噛み付かれた人にケガの治療費や，慰謝料といって精神的な苦痛に対してお金を払わなければならない。それが所有者の責任である。

しかし，この理屈は，株式会社には限定的にしか適用されない。経営と所有が分離されているので，所有者である株主は会社が行った行為に対して直接は責任を負わないことになる。ただし，会社が倒産したら，株主にお金が戻らなくなるので，株主が出資した額までは責任をはたしたことになる。

確かに，投資家は株主になる時に，その事業の将来性や経営者をよくみる

のだが，実際は経営そのものに深くは関与しない。会社がやったことに株主として最後まで責任を取らされたら，誰も恐くて株が買えなくなる。

このように株主の有限責任は広く株主を募るのに有利に働く仕組みとなっている。

(4)株主への利益還元
①配当
会社が儲かれば，その利益の一部（または全部）を株主に還元することになる。それを「**配当**」という。

「**決算**」という言葉を聞いたことがあるだろう。「あそこの決算はよかった」「この会社は粉飾決算をしていた」などである。決算とは会社が儲かったかどうかを確定させることで，会社利益は決算によって決まる。配当は決算で会社の利益が確定したらその利益の中から支払われるのが通常である。

②株価
また，株主は会社の所有者であり，会社の価値があがれば，それに比例して株の値段（株価）が上がることになる。値上がった株を売ることによっても投資家利益を得ることができる。

では，株価は何で決まるのだろう。実は大変難しい。これがわかれば株は儲かってしょうがない。

ただ，株価を理論的に考えると次の2つはいえる。

(ア)　清算価値

まずは「**清算価値**」である。

会社をやめてしまい，全部処分した時のお金を清算価値という。

会社の所有者は株主しかいないので，株主全員の株数（発行済株式総数）に株価をかけたものが，会社全体の値段となる。これを「**時価総額**（＝現在の株価×発行済株式総数）」という。

仮に清算価値の方が時価総額よりも大きければ，会社の株を全部買い占め，会社を全部現金に代えると儲かることになる。実際はなかなかそうはならな

いけれど，株の値段を決める参考になる。

（イ）　**将来の業績を反映した価値**

　実はこの「**将来の業績を反映した価値**」の方が，清算価値より重要であり，株価を大きく左右しているといっていい。

　会社はずっと仕事を続けることが前提となっている。会社に寿命はない。だから，将来の利益に対してお金を投資することが重要となる。

　例えば，ある投資家はA社の株を買うことによって10％儲けたいと考えている。株価が1,000円とすると，100円の儲けが欲しい。会社が配当を100円以上出せば満足である。仮にこのA社にはすばらしい新商品を発売する予定があり，来年以後配当を200円出せると予想されているとする。投資家は10％儲かれば満足なので，株価が2,000円になるまで株を買うことになる（200円÷2,000円＝10％）。全員の投資家が同じことを考えると，株価は1,000円から2,000円になる。

　このように，投資家は将来の利益に対して投資をすることになる。

　株の値段は理論的には主にこの2つの価値をどう計るかによるのだけれど，前述したように，実際は株価が上がるか下がるかを予測するのは難しい。理論的であるばかりでなく，一方で，美人投票みたいなもので，個人の好み，流行，うわさによっても左右される。

　また，景気動向，金利，為替といったマクロ経済の要因もかかわってくる。

　無責任に思われるかもしれないが，「株価はよくわからない」というのが実態である。

　だが，この「株価はよくわからない」というのが，株式市場において本当は重要である。

　市場は買う人と売る人があって初めて成り立つので，この両者の適切なバランスが必要だからである。それでなければ，株価は一方的に上がり続けたり，下がり続けたりして，とても安心して投資することなどできなくなる。「拾う神あれば捨てる神あり」「蓼食う虫も好き好き」。それで健全な市場が形成されるわけである。

株価の形成

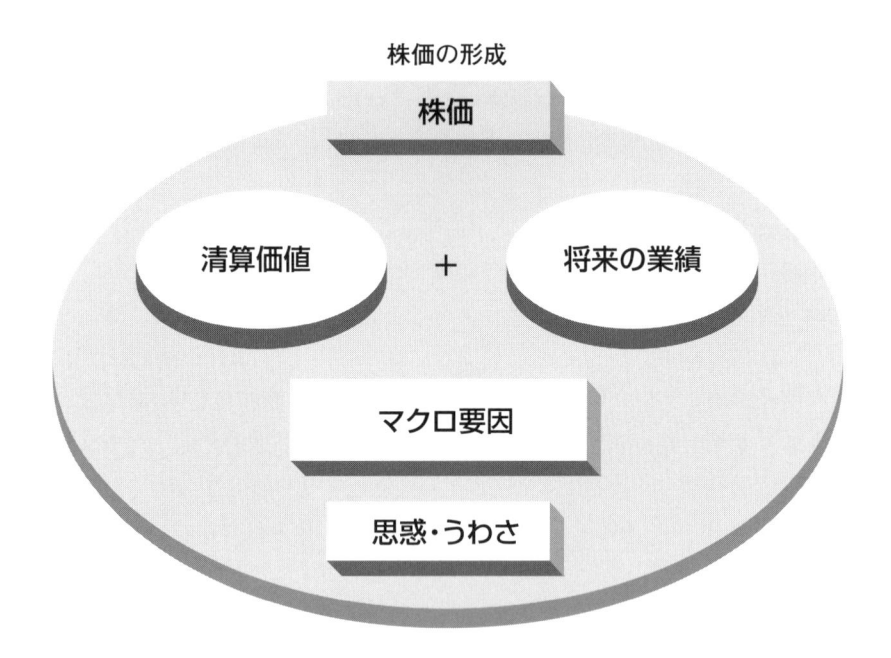

```
        株価
   ┌─────┴─────┐
 清算価値  +  将来の業績
      マクロ要因
      思惑・うわさ
```

③ 株式市場

(1)証券取引所

　株式を買ったり，売ったりすることはどこで行われているのだろうか。それが株式市場である。株式市場とは一般的な言い方であり，実際は証券取引所で売買が行われている。

　日本の代表的な取引所は「**東京証券取引所**」で，アメリカの代表的なのはニューヨーク証券取引所（NYSE）である。そのほかに日本ではジャスダックやマザーズなど，アメリカではNASDAQと呼ばれる「**店頭市場**」がある。

　読者には野球の好きな人も多いであろう。例えばプロ野球でいえば，セントラルリーグやパシフィックリーグにあたるのが，先ほどの東京証券取引所や，ニューヨーク証券取引所にあたる。そして，各リーグのチームで活躍す

る個別選手が，個別企業の株式にあたる。

　ここで，勘のいい読者はわかるかもしれないが，プロ野球の選手になるのが難しいように，証券取引所で株が売買される企業になるのは難しいことなのである。

(2)上場

　証券取引所で株が売買されることを「**上場**」と呼ぶ。また，「**上場企業**」という言葉を聞いたことがあるだろう。証券取引所で株が売買されている会社のことをいう。

　プロ野球に一軍と二軍があるように，東京証券取引所にも1部と2部がある。例えば，東京証券取引所に1部上場をするためには①会社設立3年以上②発行株式数10万株以上③総資産10億円以上④時価総額500億円以上⑤過去一定以上の利益を出していること，など条件が厳しい。

　「**店頭登録**」もある。これも上場よりも基準はゆるやかであるが，取引所で株の売買ができることをいう。言葉は違うが上場と同じと考えてもらっていい。一般的には店頭登録から上場へ進むが，アメリカの店頭市場であるNASDAQには十分ニューヨーク証券取引所へ上場できる実力がありながらそのままNASDAQへとどまっている会社もある。

　日本には250万社以上株式会社があるといわれているが，そのうち店頭登録及び上場の企業は3,600社しかない。率にしてわずか0.14％である。だから，上場企業はステイタスも高いし，上場するメリットも大きいわけである。何よりも社会的な信用力がつくので，資金調達がぐっとしやすくなる。

(3)インデックス

　株価がどんな要素で決まるかはすでに述べた。理論的には清算価値と将来の業績を反映した価値がベースになる。それに個別要因やマクロ経済の要因が加わる。

　ところで，いつもニュースで株価の動きを流している。「今日の日経平均

は10,000円でした」「ニューヨークダウが上がった，下がった」，こんな言葉を毎日見聞きしているだろう。ここでいう，「**日経平均**」や「**ニューヨーク・ダウ**」がインデックスと呼ばれるものである。

「インデックス」とは，その市場における代表的な企業の株価を合成して（計算方法はいろいろある），その市場の株価が全体として上がっているのか下がっているのかの動向がわかるようにした架空の株価である。「ベンチマーク」と呼ばれることもある。

日本の株価のインデックスは前述の日経平均が最も代表的である。これは日本の代表的な企業225社の株価を全部足し込み，225で割った単純平均の株価である。225社に入っている企業は，例えば電気機器であれば「日立」「東芝」など，自動車であれば「トヨタ」「ホンダ」などである。また，金融であれば，銀行・その他金融・証券・保険の4業種から「東京三菱フィナンシャルグループ」「ミレアホールディング」など20社が採用されている。

⑷なぜインデックス（株価）が注目されるのか？

では，このインデックスに代表される株価はなぜ注目されるのであろうか。

まずは，「世の中の景気動向をよくあらわしている」からである。インデックスの株価が低いということは，世の中の会社の株価が低いということ。それは会社の業績が悪いということで，世の中が不景気であるといえる。株価を決める要素の中で将来の業績が重要であると述べたが，株価が低いということは，人々が将来にわたって会社の業績が悪い，すなわち将来も景気が悪いと判断しているといえるのだ。事実，株価は景気に対して先行性があり，景気の善し悪しを判断する指標（GDP＝国内総生産，鉱工業生産指数）に対して，半年ぐらい株価は先行している。単純にいうと，株価が上がると半年後に景気がよくなり，株価が下がると半年後に景気が悪くなるということだ。「景気」とはよくいったもので，人々の気持ちが前向きであると景気がよくなるのも事実である。「病は気から」「景気も気から」といったところであろうか。

次に,「株価の変動が個々の企業の業績に影響が出る」からである。特に金融機関の昨今の事情は深刻である。間接金融と直接金融のところで述べたが,金融機関は企業支配（企業取引）のために,取引先の株式を大量に保有している。また,取引先の企業も金融機関の株を持っていたりする。お互い株を持ち合うことによってお互いの取引きを維持しようとする考えである。これを「**株の持ち合い**」という。

ここで知って欲しいのは「株は値段の変動が激しい資産である」ということ。専門的には過去の標準偏差を使って計ったりするのだけれど,それが20%ぐらいある。すなわち100円で買った株が1年後に120円になっても80円になってもおかしくないということである。

一方,金融機関の本業ではそんなに儲からない。だから,株を大量に持っているということは,その株価の変動によって利益が大きく左右されることを意味している。もちろん,金融機関に限らず普通の企業でも少なからず株を持っており,株価の変動がその企業の経営に大きな影響を及ぼすわけである。

なぜインデックスが注目される？

景気動向をあらわす（景気に先行） ⇄ **株価による企業業績の変化**

4 ステークホルダー(会社をとりまく人々)

　会社は生きている。事実,法律的には法人格といって,普通の人間と同じようにものを買ったり,契約を結んだりすることができるようになっている。
　ここで重要なのは,個人がいろんな人に支えられて生きているように,会社だっていろんな人々に支えられて成り立っていることである。その会社を取りまく人々を「**ステークホルダー**」という。
　会社はその影響力の大きさを考えると個人よりも公共性が高い。また,会社の存在意義である「会社はその業務を通して人々を幸せにする社会的意義を有し,その存続条件として利益をあげ続けなければならない」を思い出して欲しい。
　だから,会社はこのステークホルダーに利益があるように行動しなければならないし,もし,異なるステークホルダーの間に利益相反があれば,それを調整する必要がある。
　会社はステークホルダーの中心に位置し,その利益を守りながら,ステークホルダー間のバランスを取って企業経営をしなければならない。
　あとで述べるが,ともに株主も従業員もステークホルダーである。従業員が給料を多くもらえばもらうほど会社としての経費は大きくなり,株主に還元する利益は小さくなる。株主と従業員はともに会社が利益をあげながら発展するという点では目的が共通であるが,利益の分配という点では相反するのである。だから,会社による調整が必要なのである。
　では,ステークホルダーにはどのような人々がいるのであろうか。

(1)株主

　まずは株主である。株主は会社のオーナーだ。だから,ステークホルダーの中でも最も重視されなければならない存在である。

しかし，日本では株主を軽視してきた経緯がある。前述した企業同士の「株の持ち合い」は「お互い経営には口を出しません」と暗黙のうちに了解しているようなものである。また，商法改正で随分減ったが，いわゆる総会屋と呼ばれる特殊な株主が暗躍して，株主が会社に意見する行為に対して偏見があったのも事実だ。だから，会社と株主の公式対話の場である「**株主総会**」はその機能をはたしていなかったりしている。

株主が取締役を通して会社を間接的にコントロールすることがコーポレートガバナンスである。会社はオーナーである株主の意向を重視した経営を行わなければならないし，株主はオーナーとして会社の経営をチェックしなければならない。

(2) 顧客

お客様は大切だ。お客様は会社の収益の源泉である。

会社には通常「**企業理念**」というものがあり，会社の基本的考え方や哲学といったものを掲げている。その中で最も多いのが「お客様を大切にする」というコンセプトであろう。

お客様にいかに満足していただくか，いわゆる「**CS（顧客満足・Customer Satisfaction）**」は会社経営の重要課題である。

(3) 従業員

従業員も重要なステークホルダーである。

従業員は会社とは運命共同体にある。また，その家族も同じである。

会社として，従業員が満足して働ける職場をつくることが大切である。これを「**ES（従業員満足・Employee Satisfaction）**」という。従業員が会社で生きがいを持って働くことは，会社の発展に不可欠である。これも会社経営上の重要な課題である。

⑷ 取引先

取引先も忘れてはならない。

会社も人も同じである。周りに支えられているのだ。

取引先との関係は，5分と5分との関係もあるだろう。気をつけなければならないのは，会社が顧客として強い立場にある場合といえる。会社の仕事の進め方や利益をあげる仕組みのことを，「**ビジネスモデル**」という。このビジネスモデルは誰かに無理があってはならない。誰かが犠牲になるようなビジネスモデルは長続きせず，いずれ破綻するからである。過去，自分の強い立場を利用して，弱い立場の取引先に犠牲を強いて問題になったケースも多い。取引先との共存共栄が重要なのである。

⑸ 市民・地域コミュニティー

今まで意識されていなかったが，これからは重要なステークホルダーである。何回も同じことを書くようだが，会社も人も同じで，ご近所さんや自分が所属する地域と仲良くやっていく必要がある。

日本の大企業は東京を中心とする大都市に本社が集中し，お父さん達はつかれた顔をしながらも，遠くの会社へ通っている。職と住が接近していない。だから，地域意識が希薄かもしれない。

しかし，ある企業が外国（日本の地方でもいい）で工場を建設しようとする。アメリカのような広大な国ではむしろ職住が接近している。その時，地域コミュニティーに貢献しない企業にはおのずと優秀な人材は集まらない。街のお医者さんや美容院が「主婦の口コミ」で繁栄したり廃業に追い込まれてしまうのと同じで，会社も地域での評判・評価によって大きく経営が左右されるのである。

次に重要なのは市民パワーの台頭である。

まずは，価格決定力など，消費の主導権が消費者に移ったことを認識しなければならない。例えば，家庭電化製品でオープン価格というのを見たことがあるであろう。昔はメーカー希望価格といって，メーカー側が価格を決めていたが，今は消費者が「この値段ならこの商品を買おう」という値段でメ

ーカーが製品をつくろうとしている。ものが余り，おまけに長期不況も重なり，消費者主流の世の中になりつつある。

それに加えて，NPO・NGOの台頭である。

「**NPO（Non-Profit Organization）**」とは，利益を目的とせず，福祉や社会問題の解決など，自分達が掲げる社会的目的を遂行する民間組織をいう。1998年に法律が整備され，法人格を有する団体は特定非営利活動法人と呼ばれている。

「**NGO（Non-Governmental Organization）**」は，平和・人権問題などで政府の協定などで設立されていない，国際的な活動を行っている民間組織をいう。非政府組織ともいう。

NPO・NGO両者の活動は様々な分野に及ぶが，「政府がするには小さすぎたり，あまりにも手がついていない，一方，個人でするには大きすぎる社会テーマ，すなわち国家と個人の間を埋める活動」をしている民間組織と理解してもらえればいいだろう。

NPO・NGOはいわば市民パワーの台頭であり，世の中をよくするために，積極的に企業活動に影響を及ぼすようになってきた。

昔はNPOが企業を批判することがあり，一方企業もNPOに対する理解不足から，何かと対立することも多かった。今は時代が変わり，共存関係から，お互いの長所を生かしてコラボレーションを探ろうとする動きが出てきている。

NPO・NGOが扱うような分野でそれを事業化し社会の構造変化を促進する企業家を「**ソーシャル・アントレプレナー**」と呼ぶ。この分野で，NPO・NGOと企業の協力関係が模索され始めている。

例えば，NPOの設立者が企業人であり，自分が企業人として持つノウハウをNPO活動に生かしたり，NPOが持つノウハウのうち有力なものを企業が事業化する動きである。また，米国では問題がある若者に教育を施し，若者の自立を促進するNPOに対して，企業が商品を提供している例がある。

(6)行政

正確にはステークホルダーと呼びにくいのかもしれないが,忘れてはならない存在である。会社は利益から税金を払い国家に貢献するばかりでなく,行政の存在は各種の規制など,企業経営上大きな影響をうける。

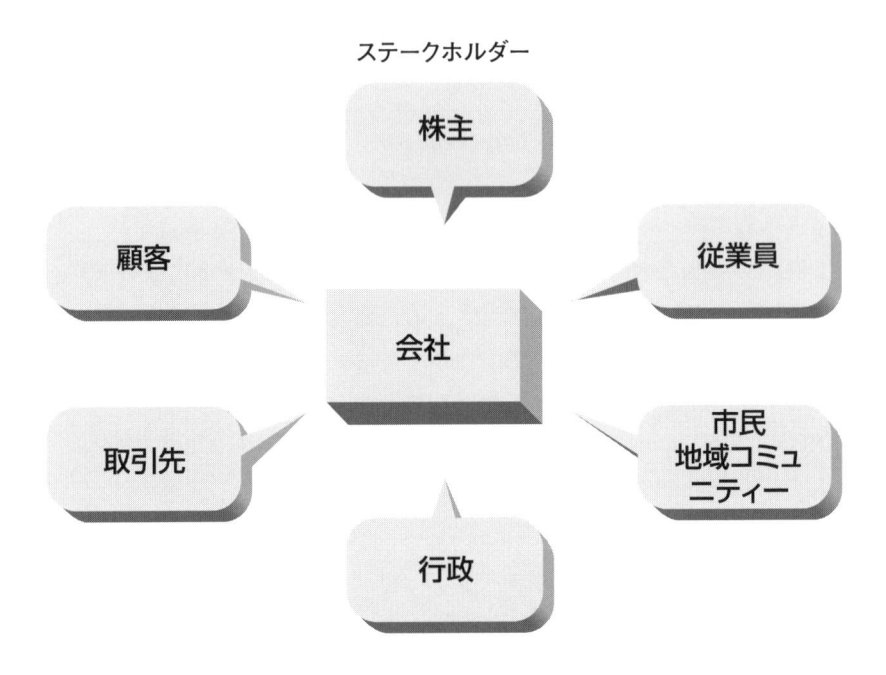

ステークホルダー

- 株主
- 従業員
- 市民 地域コミュニティー
- 行政
- 取引先
- 顧客

会社

一歩進んで！

財務諸表ってなに？

　会社は株主のものであり，会社が大きくなればなるほど，また，株主が多ければ多いほど，その公共性は高い。特に上場会社は「誰でも株を買ったり売ったりする」ために会社の内容がよくわからなければならない。会社の内容を知らしめることを「**情報開示（ディスクロージャー）**」という。

　会社はお金を株に出資してもらっているので，特に会社の財産やお金の動きはオーナーである株主やその他のステークホルダーが理解できるように表示しなければならない。

　会社が勝手に財産やお金の動きを記述していては，それを見る人にはわからないので，これらの記述は「会計原則」いう一定のルールに従って表記される。

　この原則に従って，誰が見ても同じように会社の財産やお金の動きが理解できるようにしたのが財務諸表と呼ばれるものである。

　財務諸表のうち重要なものが
①**貸借対照表（B／S（Balance Sheet））**
②**損益計算書（P／L（Profit and Loss Statement））**
③**キャッシュフロー計算書（C／S（Cash Flow Statement））**
である。

　「**貸借対照表**」とは会社の財産状態を示すものである。
　会社を始めるにあたって，お金の調達方法は①株を発行する②お金を借りる

の2つである。

　株を発行した場合，儲かったら配当を支払うのだけれど，会社を解散しない限り，原則としてそのお金は返さなくていい。そのようなお金を「**資本**」という。

　お金を借りた場合，期限が来たらお金を返さなければならない。このようなお金を「**負債**」という。

　一方，集めたお金で，会社の工場を建てたり，机を買ったり，残ったお金は銀行に預けたりして会社を営むことになる。この，工場や机や余ったお金のことを「**資産**」と呼ぶ。

　集めたお金と使った（またはまだ持っている）お金は常に一致しなければならない。読者がお小遣いをもらって，知らない間に手元になくなったとしても，洋服を買ったとか，ゲームソフトを買ったなど，かならずなくなる理由があるはずである。会社の場合「知らない間にお金がなくなった」ということは許されないので，常に調達したお金がどのような状態になっているかわかるようにしていなければならない。

　先ほどの言葉でいうと，「**資産＝負債＋資本**」となる。いつも右側の「負債＋資本」と左側の「資産」が同じようになるので，貸借対照表は「**バランスシート**」と呼ばれている。

　ここで，読者は疑問に思うであろう。お金でものを買った場合は資産＝負債＋資本となるが，もらったお小遣いでアイスクリームを食べてしまったらどうするのかということである。消費して使ってしまったので資産は減ることになる。一方，お小遣いで宝くじを買ったら当たって儲かったとする。そうすると資産は増えることになる。

　これをあらわすのが「**損益計算書**」である。会社は利益を得ることを目的としている。通常はものをつくったり，販売して利益を出す。簡単に書くと，「利益＝売上－費用」となるのだけれど，この利益がどのようにいくら出たかの内

容を詳しく知らしめているのが損益計算書である。

ちょっと具体例をあげて説明しよう。

まず，会社を設立し，株を発行して200万円，借入金で100万円調達した。1月1日現在，そのお金を使って150万円で工場を建て，150万円を銀行預金で持っていたとする。すると貸借対照表は以下の通りとなる。

貸借対照表
（1月1日）

<資産>		<負債>	
現金	150万円	借入金	100万円
建物	150万円	<資本>	
		発行済株式	200万円
資産計	300万円	負債資本計	300万円

1月1日から12月31日までに工場で200万円製品を製造しすべて売り上げた。また，この期間の経費（原材料費・光熱費・人件費など）は100万円であり，残た利益100万円を銀行預金に積み増した。

この間の損益計算書は以下の通りとなる。

損益計算書
（1月1日〜12月31日）

売上	200万円		
		経費	100万円
利益	100万円		

また、12月31日現在の賃借対照表は以下の通りである。

貸借対照表
（12月31日）

＜資産＞		＜負債＞	
現金	250万円	借入金	100万円
建物	150万円	＜資本＞	
		発行済株式	200万円
		未処分利益	100万円
資産計	400万円	負債資本計	400万円

実際の財務諸表はもっと複雑だけれど、会社の財産は、利益があれば大きくなり、損が出れば小さくなる。このように大きくなったり小さくなったりする会社の財産状態（ストック）をあらわしたものが貸借対照表であり、その貸借対照表の変化の要因（フロー）をあらわしているのが損益計算書といえる。

　貸借対照表＋損益計算書＝次の貸借対照表

　もう１つ重要な財務諸表が「**キャッシュフロー計算書**」である。これは、一定期間の会社のお金の動きをあらわしたものである。国際的な会計基準の流れの中、2000年３月期から日本の公開企業に導入された財務諸表である。

　「キャッシュフロー」とはその名の通り、会社における現金（または小切手など現金と同じ扱いができるもの）の流れである。キャッシュフローは会社の血液だといわれる。人間の体は血液循環がなされないと健康でいられないように、会社に健全なキャッシュフローがないと健全な会社とはいいがたい。

　例えば、売上の計上である。今の会計は「**発生主義**」といって何かものを売った時にその販売が確定した時点で売上に計上して良いことになっている。よ

く飲み屋さんで「つけにしておいて」といって飲んでいる人がいる。発生主義会計では飲み屋さんは売上を計上したことになる。これがどんどん進むと，売上が大きくなり利益も大きいが，実際はお金を回収できていないことが生じる。同じ利益があっても，キャッシュフローが健全か否かで会社の健全性が大きく異なるといっていい。

　このように，キャッシュフロー計算書は同じフローの概念として損益計算書を補う役目をはたしている。

　キャッシュフロー計算書においては，そのキャッシュフローを3つに分類している。

　営業活動から生ずる「営業活動キャッシュフロー」，有価証券や建物などに投資した場合の「投資活動キャッシュフロー」，銀行からの借入や株式を発行した場合の「財務活動キャッシュフロー」である。

　キャッシュフローを分類することによって，会社におけるお金の流れをより明確にしている。

　先ほどの例でキャッシュフロー計算書は右図の通りとなる。

```
キャッシュフロー計算書
（1月1日〜12月31日）

＜営業活動キャッシュフロー＞
＋200万円（売上）
－100万円（経費）

営業キャッシュフロー計　＋100万円

＜投資活動キャッシュフロー＞
なし
＜財務活動キャッシュフロー＞
なし

キャッシュフロー計　＋100万円

期主現金残高　　　　　　150万円
期末現金残高　　　　　　250万円
```

第3章
会社のライフステージと金融サービス

1
会社のライフステージ

2
会社をつくってみた（スタートアップ期）

3
株を公開する（成長期）

4
社債・コマーシャルペーパーの発行（安定期）

5
企業再生（衰退期）

6
資金調達のまとめ

第1章で金融の基礎知識を，第2章で会社の概要を述べた。ここでは金融サービスをより理解してもらうために，会社のライフステージにおいて，金融サービスがどのような役割をはたすのかを述べてみたい。

1 会社のライフステージ

　会社は組織であり，「利益をあげる」という存続条件さえ満たせば，永久に続くことが前提となっている。
　しかし，実際は人の一生と同じでライフステージが存在する。「会社の寿命は30年」ともいわれ，実際会社が存続し続けることは難しいことなのだ。
　会社のライフステージは一般的に次の4つに分けられる。

(1)スタートアップ期

　会社設立間もない時期をいう。世の中に知られていない。だから信用もない。組織を維持する経営も確立されていない。事業も軌道に乗っていないので，利益もたまっていない。むしろ赤字が普通である（これを「**創業赤字**」いう）。だから，会社が倒産する可能性が高い。創業5年以内が最も危なく，特に創業2年で50％が倒産するといわれる。
　でも，経営者・従業員の志は高い。最も燃えている時期かもしれない。
　人間でいえば赤ちゃんから幼児期にあたる。

(2)成長期

　会社事業が軌道に乗り，売上や利益が急激に伸びる時期をいう。従業員の数も増え，拡大経営路線を走る。成長条件が整い，いわば「生き残り」が確

定したことになる。

　人間の青年期と同じで，希望に満ちて夢に溢れている。

　しかし，急成長をうらやむのは人も会社も同じであり，急成長の秘密が研究され，将来のライバルが誕生し始めるのもこの時期である。

(3) 安定期

　会社事業は順調であるが，昔ほどの成長は望めない。組織も大きくなり，硬直化が始まる。成長期にためた利益や含み益があり，経営や従業員に安定志向が強くなる。ライバルも育っており，市場が成熟する。

　人間でいえば，疲れた中年といったところであろうか。昔の夢は忘れてしまい，今の境遇さえ守っていれば，そこそこ生きていけると考えている。

(4) 衰退期

　市場は成熟し，ライバルも多く，売上・利益が下方に転ずる。組織の硬直化など，安定期に萌芽した弊害が顕著となる。企業業績を取り戻そうと無理な販売計画や投資が行われ，それに精神論が同居する。残念ながら倒産へ向かう。

会社のライフステージの特徴

	スタートアップ期	成長期	安定期	衰退期
売上	伸びないで苦労 顧客獲得に努力	急拡大	安定 減少のきざし	低下
利益	赤字	急拡大	安定 減少のきざし	低下
含み益	なし	拡大	あるが伸びず	取り崩し
組織	高い志・情熱	充実 成功	安定志向 弊害の萌芽	無理な施策 精神論
ライバル	ほとんどなし	ライバルの誕生	ライバルの台頭	ライバルの淘汰
倒産件数	最も高い	少ない	少ない	多い

会社のライフステージ

- スタートアップ期
- 成長期
- 安定期
- 衰退期

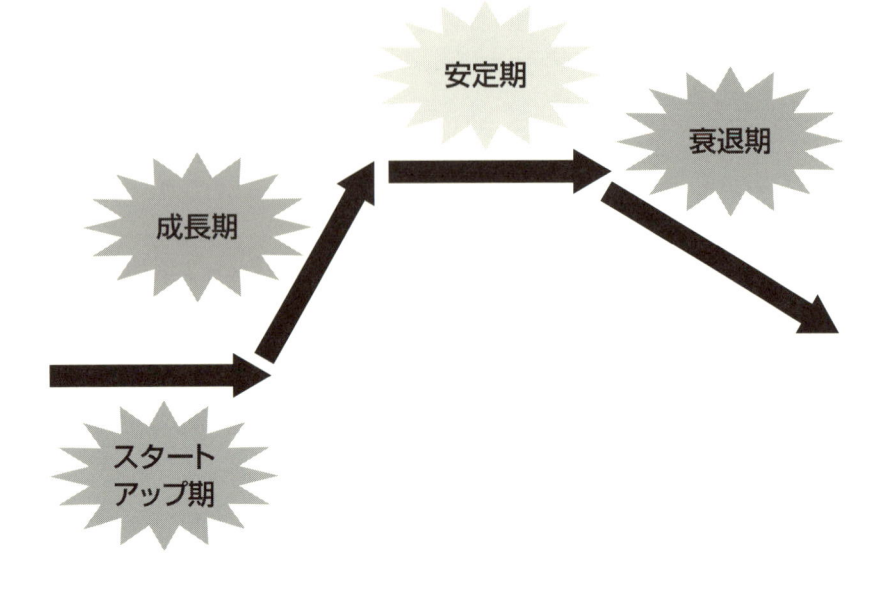

　人間でいえば老年期にあたる。人の老年には人生を全うしたある種の美しさがあるのと違い，倒産に向かって衰退の道を歩んでいる。

②　会社をつくってみた（スタートアップ期）

　会社のライフステージの概略は理解していただいたであろうか。次に，人にもいろいろなライフステージで金融機関がかかわるように，会社もそのライフステージに応じて金融サービスがついてまわる。むしろ金融サービスがないと会社経営が成り立たないと思ってもらっても言い過ぎではない。
　まず会社設立そのものにはあまり金融機関がかかわらないと思ってもらっていい。もちろん会社設立はそんなに簡単ではないけれど，主な手続きは以

下の通りである。
　①労働保険（労災・雇用保険）への加入
　②社会保険（健康保険・厚生年金保険）への加入
　③税務署への各種届出
　④都道府県税事務所への届出
　⑤市区町村への届出

　問題は，設立後の前述のスタートアップ期である。ベンチャーとか「**ベンチャー企業**」という言葉を聞いたことがあるはずだ。設立して間もない，特に新しい領域に挑戦しようとしている企業を指している。ベンチャーとはもともと「冒険」を意味している。「Nothing venture, nothing return.（冒険をしなければ得るものはない）」という言葉がある。会社を始めることは，冒険をして積極的にリスクを取ることでもある。

　この段階は会社が倒産する確率が最も高い。だから，企業をサポートする金融サービスが重要となる。

(1) ベンチャーキャピタル

　会社の設立後間もない，スタートアップ期の最も重要な役割をはたすのが「**ベンチャーキャピタル**」と呼ばれるところである。ベンチャーキャピタルとは，株式公開を目指すベンチャー企業に，資本を提供したり経営支援を行う会社をいう。

　まず，資本の提供とは，会社の株を持ったり，会社にお金を貸し出したりすることをいう。すばらしい技術があっても，それを商品化して販売し，最終的に利益を得るには時間がかかるものだ。だから，設立したあとでもお金が必要となる。その調達を手伝うこととなる。

　お金を集めるにしても，株で集めるのか（株主は誰がいいのか），お金を借りるのか，によってそれぞれメリット・デメリットがある。どのような形で，お金を調達するのが最もいいのかを考えることを「**資本政策**」という。

　次は経営支援である。会社の設立後は，経営者が未経験であったり，従業

員も若かったり，また，社会的にも信用されていなかったりする。だから，経営が不安定となる。倒産の可能性も高い。ベンチャーキャピタルがベンチャー企業に対して，積極的に経営に関与して経営を支援することを「**ハンズオン**」という。具体的には取締役（場合によっては社長）を送ったり，お客さんやビジネスパートナーを見つける手伝いをする。時には銀行と交渉しお金を貸してもらう手伝いもする。

経営支援を行わず，資本のみ提供するベンチャーキャピタルのやり方を「**ハンズオフ**」という。

ところで，ベンチャーキャピタルは何で利益をあげるのであろうか。経営支援をして手数料をもらうのではなく，自分が株主となり，それを公開（上場）し，売却することによって利益を得るわけである。上場していない株を未公開株というが，未公開株の値段が公開することによって何倍にもなったりする。前にも述べたように，上場企業は会社のエリート集団みたいなもので，難しい基準をクリアした会社の株価は高い評価を受けるわけである。

(2) 銀行

銀行口座を持っていない会社はない。銀行口座を持つことによって，会社の運営にかかわるお金を受け取ったり，振り込んだりする。（決済機能）

また，銀行はお金を貸してくれ，経営をスムーズにする。

まずは「短期資金」。読者は外出する時に，何かあったら困るので必要な金額以上のお金を持ち歩くはずだ。会社の経営も同じで，必要なお金が手元にあった方がいい。商品を仕入れたり，従業員の給料や光熱費など，会社が日常必要とするお金を運転資金という。でも，この運転資金，いつも同じ額とは限らない。時期によって変わったりする。また，商品を売ったお金がすぐに入ってくるとは限らない。だから，その変動やギャップを埋めるために短期間お金が必要になる。それを銀行が貸してくれる訳である。

次は「長期資金」。会社が工場を建てたいとする。でも，工場が軌道に乗り利益を生むまでには時間がかかる。この時は長めにお金を借りることになる。お金の調達には，株を発行したり，社債を発行したりすることもできる

が，長期にお金を借りるのは銀行からとなる。
　これら銀行の役割は会社のライフステージ共通のものである。

(3)保険会社

　あとのリスクマネジメントで詳しく述べるが，会社の経営にはいろいろな危険をはらんでいる。会社の建物が燃えてしまった。従業員が交通事故を起こした。食品会社の製品の食中毒もある。社長が急に死んでしまった。などなど。
　この危険をリスクというが，会社にはどんなリスクがあり，どのリスクが重要であるかを考え，それをどのような方法で防止するかを考えることが必要である。これがリスクマネジメントになる。保険会社がこの手伝いをする。後述するが，リスクには「損失に結びつくリスク」と「損失またはチャンス（利益）に結びつくリスク」があることを知っておいて欲しい。保険会社は

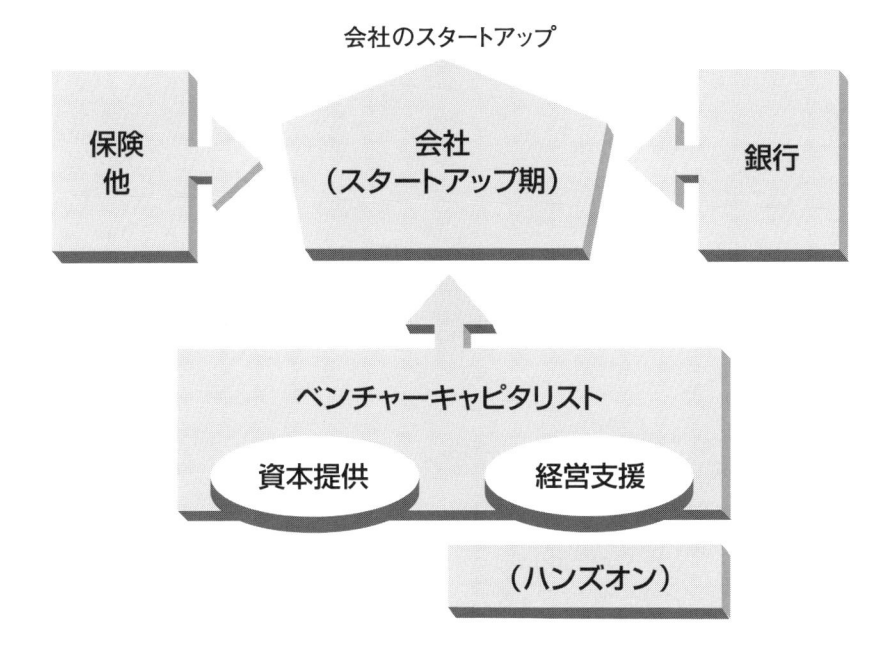

会社のスタートアップ

保険　他　→　会社（スタートアップ期）　←　銀行

↑

ベンチャーキャピタリスト
資本提供　経営支援
（ハンズオン）

主に前者の「損失に結びつくリスク」を軽減させる役割を発揮する。この保険会社の役割も会社のライフステージ共通のものである。

3 株を公開する（成長期）

「**株式公開**（会社の株を公開すること）」は，広く公に株を売却し，多くの人に株を持ってもらうことを意味している。株主が会社のオーナーであることはすでに述べたが，公にオーナーを募ることである。英語で「**IPO** (Initial Public Offering)」ともいう。

株の公開は，会社成長期の典型的な出来事であり，会社を創業した人々にとっての大きな目標である。ちょうど，子どもが親の庇護を離れ，一人前の社会人になるようなものである。だから責任も重くなる。

上場のところでも述べたが，株式会社の中で公開企業（上場企業）は数少なく，公開することによって様々なメリットがある。箇条書きにすると以下の通りである。

①知名度・信用力が向上する（評判がよくなる）
②財務体質・資金調達力の強化（お金に苦労しなくなる）
③優秀な人材確保・従業員の志気の向上（人に苦労しなくなる）
④経営体質の向上（組織として強くなる）
⑤創業者利益の享受（会社をつくり育てた人が報われる）

一方，公開は大人になるようなものだから，当然大人としての義務が発生する。これも箇条書きにすると以下の通りとなる。

①ディスクロージャー・IR活動（会社の中身をわかってもらう）
②株主価値の増大（株価を上げる努力をする）
③コンプライアンス（法令遵守）体制の確立（悪いことができない体制に

する）

④社会的責任の増大（世の中に迷惑をかけず世の中のためになる）

「ディスクロージャー」はすでに述べたが，「**情報開示**」という意味で，「会社の仕事の内容」や，「会社が儲かっているのかどうか」とか，「会社が持っている財産がどうなっているのか」を，広く知らせることをいう。

「**IR**」は「インベスターリレーションズ（Investor Relations）」の略である。「投資家向け広報」と訳しているが，投資家（主に株主，またはこれから企業に投資しようとする人々）に会社の内容を知らしめることをいう。ディスクロージャーの一環でもある。投資家に会社の内容を正しく理解してもらい，いい評価を得ないと株を新たに買ってもらったり，安心して持ち続けてもらえない。株価を維持・上昇させるためにも重要である。

「コンプライアンス」とは法令遵守をいう。単に従業員に法令遵守を教育するばかりでなく，組織として法令遵守が行われるシステムをつくり上げることが大切である。

(1) 証券会社

株式の公開において最も重要な役割をはたすのが「**証券会社**」である。だから，ここでは証券会社の役割を理解してもらえれば十分である。

証券会社は，関係者と協力して，会社を公開に導く主導的な役割をはたす。その役割は3つにわかれる。

まずは，「**公開準備作業の指導・助言**」である。会社が公開できるレベルになるまで，公開のスケジュールを立てたり，書類を調えたり，社内の体制・規程を整備し，最終的には公開の申請まで行う。会社が公開を申請する場合，一番責任を持ってそれを遂行してくれる証券会社を「**主幹事証券**」といい，会社が将来メインで付き合う証券会社となる。

次が「**公開審査への対応**」になる。公開申請に対して，会社がそれにふさわしいかをチェックして上場を決定するのが審査である。上場の場合，証券取引所が行うが，店頭市場においては主幹事証券が審査まで行う。

最後が「**公開時公募売出株式の引受**」となる。株式公開のハイライトだ。主幹事証券が中心となって，他の証券会社と「**引受シンジケート**」というものをつくり，株式を公に売る手助けをする。

　公開時の株の値段を「公開価格」というが，主幹事証券は主な投資家などから意見聴取を行い，会社と公開価格を決定する。

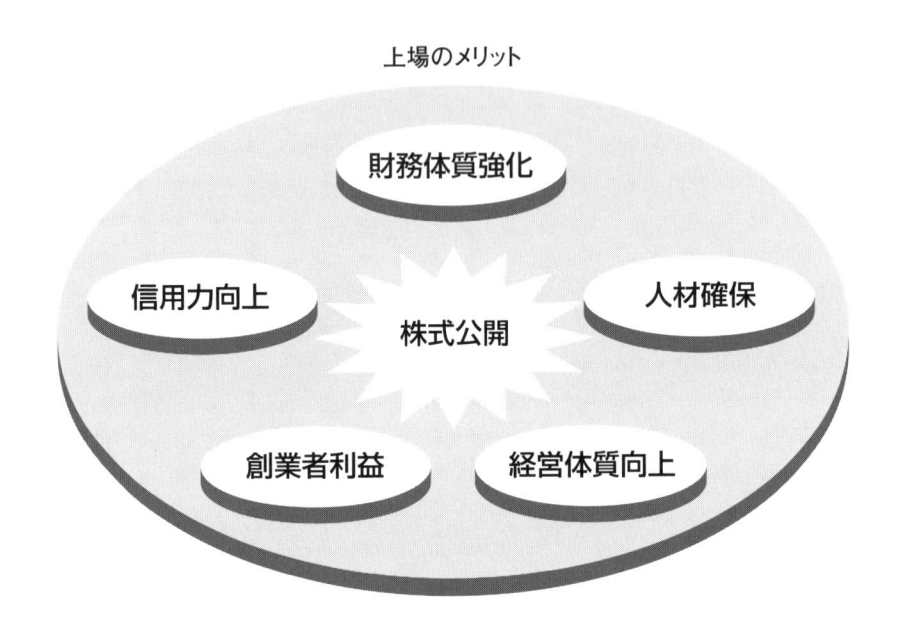

上場のメリット

- 財務体質強化
- 信用力向上
- 人材確保
- 創業者利益
- 経営体質向上

株式公開

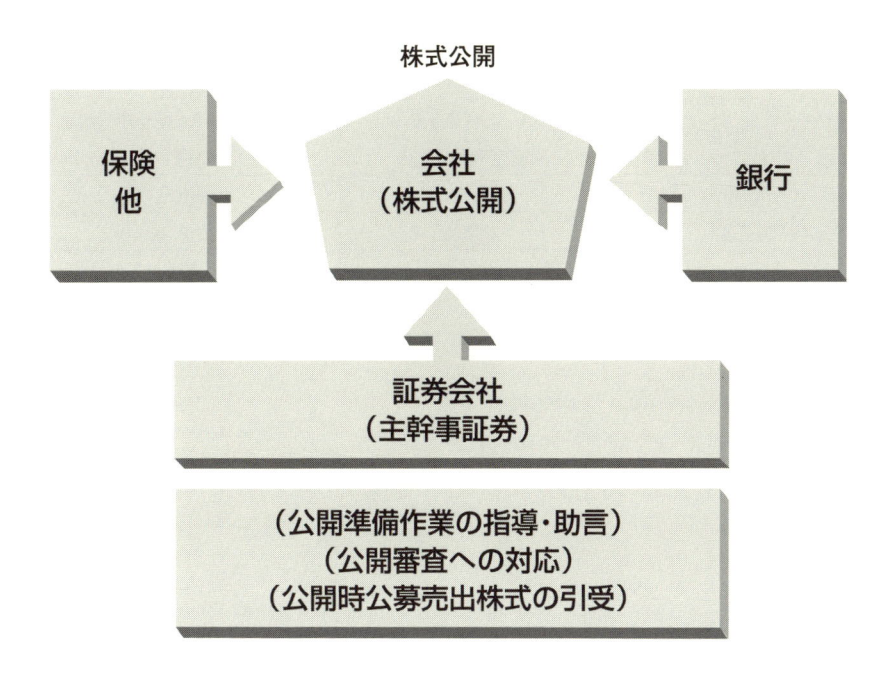

```
        株式公開
                        
保険        会社          銀行
他       (株式公開)
                        
            ↑
      証券会社
     (主幹事証券)

   (公開準備作業の指導・助言)
   (公開審査への対応)
   (公開時公募売出株式の引受)
```

4 社債・コマーシャルペーパーの発行(安定期)

　会社は資金調達のために，債券を発行することがある。債券の発行には会社としての実力が必要であり，安定期に入った企業が多い（もちろん，会社のライフステージにおいてどの段階でも債券の発行は可能と思ってもらっていい）。

　「**債券**」は株とならんで代表的な有価証券である。

　債券は，期限と利率が決まっている借用証書のようなものであり，その証書が売買できる有価証券と思ってもらえばいい。会社が発行する債券が「**社債**」である。期限と利率が決まっていることは，債券を買った人は「これから○○年の間，決まった利息が定期的に入ってくる」ことを意味している。株は会社が利益を出した時に配当という形でお金をもらえるのだが，これは不確定であり，この点が債券とは異なる。万が一会社が倒産した場合，株よ

	債券	株式
利息・配当	決まった利息を支払う （確定利付き）	会社利益から配当を支払う （不確定）
期間	期限あり	無期限
会社倒産時の権利	一般債権	残余財産請求権
経営への参画	なし	有り 株主総会への出席

りも強い権利で保護されている。

社債を発行するには会社の信用力が必要である。

債券の特徴は株と比較するとわかりやすいので上記の通りに表にしてみた。

債券はその発行体によって名前がついている。会社が発行するのが社債であれば、よくご存知の通り、国が発行する債券は「**国債**」と呼ばれている。国債が大量に発行されていることは、国が大量に借金をしていることであり、これが今の日本の問題となっている。「国の収支は国債依存度が高い」とよくいわれるゆえんである。また、地方公共団体が発行する債券を「**地方債**」と呼んでいる。

また、社債については、ちょうど債券と株との中間に位置するような、「転換社債」、「ワラント債」というものもある。おおざっぱだが、「債券を買ってもあとでそれが株に変わることができるもの」、という程度に思っていてくれてかまわない。

債券は株と並んで代表的な有価証券である。だから「**債券市場**」も存在する。債券市場の参加者は主に機関投資家であり、個人の参加者は少ない。基本的には相対取引といって証券取引所を通さない。上場株が証券取引所を通すことを原則とすることと異なる。仲介に証券会社や銀行が入る。機関投資家は証券や銀行に売買注文を発注し、証券や銀行が（場合によっては自分が所有している債券）相手側を見つけることによって売買が成立する。

社債の場合、その価格は主に、会社の「**格付と金利**」によって決まる。会社の「**格付**」とは会社の安全度と考えてもらえばいい。社債は会社の借金と同

じであり，安全度が低い会社にはお金を貸さない人が多い。だから社債の値段が安くなる。逆に安全度が高ければ値段が高くても社債を買おうとする。

次が「**金利**」である。少しわかりにくいかもしれないが，「金利が下がると債券価格は上がり，金利が上がると債券価格は下がる」ことになる。「金利と債券価格は反比例の関係にある」。

例えば，絶対につぶれない会社が10％の利率で債券を発行したとする。投資家が100万円債券を購入すると毎年10万円利息が入ってくる。ここで，世の中の金利が5％に下がり，5％で銀行から借金できるとする。すると誰もが5％でお金を100万円借りて10％の債券を100万円購入するようになる。自分のお金がなくても5万円儲かるからだ。誰もが同じようなことを考えると，債券の価格は高くなっていき，最後には，借金する5％に近いところ，すなわち10万円の利息を得るために200万円払うところに近づく。100万円の債券が，金利が下がることによって200万円近くに値上がったことになる。実際の債券価格と金利の関係はこんな単純ではないけれど，原理は同じと思ってもらっていい。

「コマーシャルペーパー（CP）」とは社債と同じように信用力がある会社が発行する有価証券である。社債が長期的に資金を調達するのに対して，短期資金調達のための代表的な手段である。社債と同じように格付がなされているので，短期的資金調達を目的とする社債のイメージで理解してもらえればいい。

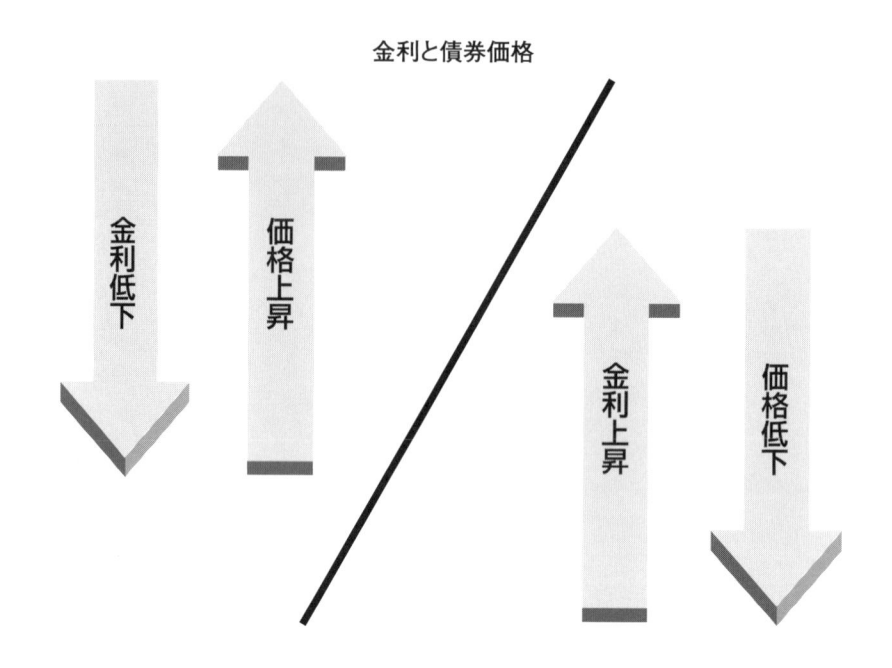

金利と債券価格

５ 企業再生（衰退期）

　会社のライフサイクルは人生と似ていて自然状態のままだと衰退期に移行していく。人間でも不幸にして大けがや大病をして，死に至ったり，危篤状態に陥ったりする。
　「**企業再生**」に明確な定義があるわけではないが，会社が死に至ったり，危篤状態に陥ったりするのを救うのが企業再生といえる。
　今の日本は非常に経済状態が悪い。戦後最大の不況と呼んでもいい。また，世の中が大きく変わろうとしている。このような中，日本の会社の倒産は増大しており，企業再生はますます重要になっている。
　企業再生の場合，国が買って国有化する場合，管財人と呼ばれる人を選任し債権者団が行う場合，など様々であるが，金融サービスにおいて最近注目

されているのが「**買収ファンド**」または「企業再生ファンド」と呼ばれる買収ファンドの人々である。

　買収ファンドの人々の機能・能力は会社のスタートアップ期に出てきたベンチャーキャピタルとほぼ同じと考えていい。企業再生は人間でいえば瀕死のけがや病気から救い，リハビリをすることである。食事の世話から下の世話，歩行を助けたり，1人歩きの安全を見守ったりと，幼年期の子どもを育てることと似ている。だから会社の幼年期であるスタートアップ期に必要な機能・能力が要求されるのである。

　買収ファンドの人々は機関投資家などから資金を集め，経営危機に陥った会社の株を買い，経営権を握り，企業を再生させ再び株を売却する。悪い会社を安く買い，良い会社にして高く売ることによって利益を得る。

　企業が倒産する，または業績が低迷する理由には様々なものがある。経済的要因（不況），従来の主要事業の低迷，新規事業の失敗，資産運用の失敗，親会社・関連会社の倒産，不祥事，事故，など。また，それらが複雑に絡み合っている。

　日本の業績低迷企業には1つの特徴がある。それは「マネジメント不在」ということである。「プロの経営者」が少ないともいえる。

　日本は技術大国であり現場の技術にはすばらしいものがある。また，現場のリーダーは会社の何が問題で，どうしたらその問題を解決することができ会社を発展させることができるかをよく知っている。しかし，有能な経営トップが少なくそれを経営に生かすことができない。また，有効な改革案であっても，経営トップに至る前に組織内でつぶされてしまい，経営トップに伝わらないことも多い。

　それは，戦後の日本の歴史に大いに関係がある。前にも述べたが戦後日本は基本的にはずっと全体が伸び続けていた。だから企業は人と同じことを続けていれば業績は伸びていた。同じ業界であれば他社とあまり差がつくことを嫌い，他社がやることをまねていた。特に金融機関においてはその傾向が強く，横並び主義といわれている。また企業内においても会社の横並び主義と同じで「全体でよくなっていく」ことが再重要視され，人とはあまり違った意見をいうことなく，「全体の調和を考える人」が重宝されていた。「**根回**

し」といって，会議の前に主要なメンバーを回って個々に話をしておき，実際の会議ではほとんど討議を行わず会社経営が決定されるようなことも通常であった。

　このような全体の調和を優先し根回しに長けた「調整型」の人々が今経営トップになっており，この変革の時代に対応できないというのが大きな理由と考えられる。

　そのため，買収ファンドの企業再生は，経営トップを入れ替えたり，また，経営に深く関与して，マネジメントを強化する。企業が上手に経営されていないことは，それだけ無駄が多いことでもある。よく聞くリストラの遂行である。「リストラ」とは「リストラクチャリング（Re-structuring）」の略であり，単に無駄な経費を切りつめたり，余剰人員を削減するだけではなく，企業経営上重要と思われる分野を強化したり，また，会社を分割して売却したり逆に必要な部分は買収したりすることを意味している。総合的に会社を立て直すことである。

　また，従業員にやる気を起こさせることも大切である。意思決定のプロセスを変えたり，人事制度を変えたりして，従業員1人1人が改革に意欲を燃やすようにすることが大切である。

　これらはまさにベンチャーキャピタリストのハンズオンと同じである。

　もともと，現場の技術が優れていたり，現場には優秀な人間はいるので，このような形で企業再生が成功する例が多い。

　買収ファンドは瀕死の重傷の会社をかなり安く買ってこのような再生を行い，よくなったところで売却し利益を得るので，「ハゲタカファンド」と悪口をいう人もいる。しかし，ハゲタカか否かはそれぞれ買収ファンドのやり方の問題であり，一般論とはいえない。人間の病気を治すお医者さんでも「高潔なお医者さん」と「悪徳医師」がいるのと同じである。また，高潔なお医者さんであっても，必要に応じて悪い部分を大胆に抉り取る手術を行うように，最終的に会社のためになるならその方法論は非情となることもやむを得ない。

　日本が今のように経済状態が悪い時においては，企業再生は重要な意味を持ち，その社会的意義は大きい。

最近の動きとして，経済産業省は企業再生の専門家を育成するために積極的な取り組みを開始する予定である。米国には企業再生の専門家が10,000人以上いるといわれているのに対して，日本はまだ500人に満たず，圧倒的に不足している。

大学院や民間の教育機関と連携して，前述の買収ファンドの経験者や，弁護士，会計士，経営コンサルタントを招き，人材育成に努めようとしている

6 資金調達のまとめ

会社が事業を進めていく上で，お金が必要となってくることは前々から述べているが，ここでまとめておきたい。またそのお金を融通するのが金融機関である。また，お金を調達する手段も様々である。

お金を必要とする理由は主に，運転資金と呼ばれる短期的な資金と，設備投資などに使われる長期的な資金に分けられる。次に，どこから集めるかである。投資家から直接集める直接金融，そして，銀行などからお金を借りる間接金融に分けられる。それにどこの金融機関を利用するかも大切である。各項目の内容についてはすでに説明してあるので，ここでは下の表をご覧いただきたい。

資金調達の手段	借入金	CP（コマーシャルペーパー）	社債	株式
手助けする金融機関	銀行 保険会社	銀行	証券会社 銀行	証券会社
資金調達の期間	短期 長期	短期	長期	永久
調達市場	間接金融	金融市場（直接金融）	債券市場（直接金融）	株式市場（直接金融）

ここで注意して欲しいのは,「必要なお金」と「借りるお金」が,あまりずれては困るということである。例えば,明日支払うお金はないが,明後日にはお金が入ってくる予定となっている場合,10年間もお金を借りる必要はない。金利のところでも書いたが,金利というのは期間によって随分違っており,これを考慮しないと会社は思わぬ損をすることになる。

　このように,必要なお金（資金運用）と借りるお金（資金調達）をうまく管理して会社に損をかけないようにすることを,「**ALM（Assets and Liabilities Management）**」という。必要なお金と借りるお金の期間を合わせたり（「**期間マッチング**」および「**キャッシュフローマッチング**」）,金利に差が出ないようにしたり（「**金利マッチング**」）,また,国際的な企業であれば為替の変動による損が出ないようにするのが目的である。

ALM
（Assets and Liabilities Management）

資産
（資金運用）

負債
（資金調達）

期間・キャッシュフロー・金利・為替

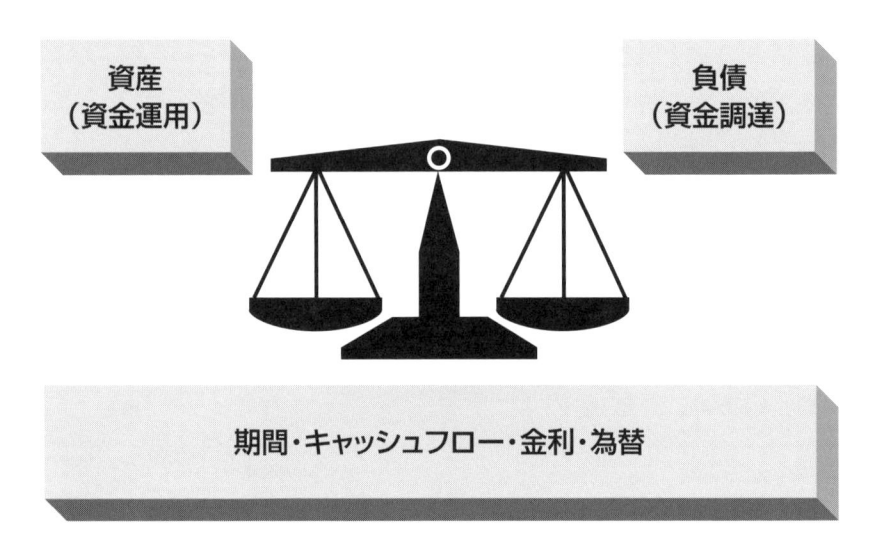

一歩進んで!

格付について

　ミシュランというタイヤメーカーがレストランに星をつけているのはご存知であろうか。料理・サービスの質を調査員が極秘に調査をして，最高の店には3つ星をつける。3つ星レストランは世界に数えるほどしかなく，これはシェフにとっては最高の栄誉とされている。
　では，なぜミシュランの星がこれほどまでに信頼されているのであろうか。
　それは，
①レストランの利用客が安心して利用できるために
②調査員という調査のプロが，
③一定の基準を持って評価し，
④広く公開している，
ためなのである。

　これと同じことを，会社に対して行っているのが格付なのである。「〇〇生命はトリプルAです。」といってさかんに宣伝しているのを見たことがあるだろう。高い格付は信頼の証となる。

　読者がどこかの会社の社債を買いたいとする。でもどこの会社が安全かよくわからない。その時に「**格付**」を利用するわけである。格付をつける専門機関のことを「**格付機関**」という。格付機関の代表的なところでは，米国の「ムーディーズ社（Moody's）」とか「スタンダード＆プアーズ社（S&P）」，日本では

格付投資情報センター（R&I）などがある。

　格付機関は定期的に会社を訪問・調査して，会社の安全度を判断している。調査する中身は，「会社は儲かっているか？」，「将来的に業績はどうか？」，「無理な借金をしていないか？」，「経営者の質はどうか？」など，多岐にわたっている。そして，調査のポイントが各格付機関のノウハウでもある。

　社債を買う投資家にとって，会社の安全度とは，社債の利息（クーポン）が払われない可能性と，元本が戻ってこない可能性をいうが，これをあわせて「**デフォルトリスク**」という。その可能性によって具体的な格付がつけられる。

　例えばムーディーズ社の格付は，Aaa（トリプルエー），Aa（ダブルエー），A（シングルエー），Baa（ビーダブルエー），Ba（ビーエー），B（ビー），Caa（シーダブルエー），Ca（シーエー），C（シー）の9ランクに分かており，また，AaからBまでの格付に上から1，2，3という付加記号をつけてより細かく分類している（例Aa1，Baa2など）。最上級の格付はS&P社でもAAA（トリプルエー）と表示しており，よく宣伝でAAAを強調しているのはこのためである。ムーディーズ社の場合Baa格（S&PだとBBB）以上を投資適格といい，通常は安心して投資できる格付を指している。

　社債を発行する場合，会社が格付機関から格付を取得することは通例であり，読者が社債を買う場合，参考にすることができる。

格付

AAA

AA

C

一歩進んで!

会社の資産運用と機関投資家

　読者に当面使わないお金があったら，それを貯金して，少しでも増やそうと考えるであろう。会社も同じである。しかし，資産運用を積極的に行えば行うほど，お金を失う可能性も高くなる。「ハイリスク・ハイリターン」という言葉を聞いたことがあるかもしれないが，一般的に高い収益を求めようとすると，高いリスクを覚悟しなければならないことを意味している。だから，会社によってはまったく資産運用を行わないところもある。

　一方，本業として資産運用を行っている会社が金融機関であり，機関投資家と呼ばれるところである。機関投資家は自己の資金を運用する場合もあれば，お客様のお金を預かって運用することもある。その代表が，投資顧問会社，信託銀行，生命保険である。

　会社はこのような運用のプロにお金を預けて運用してもらうこともある。

　この機関投資家は，どのようなことに気をつけて大事なお客様の資産を運用しているのであろうか。

(1) 運用目標

　運用収益をいくらあげるかである。また，お金は目標があって運用されるものであるから，これは大変重要である。

　例えば企業年金であれば，予定利率というものがあり，預かったお金を前もって予定された利率で資産運用をしてお金を将来返す仕組みになっている。だから企業年金の運用者はこれを上回る運用を目指す必要がある。これを絶対値

運用という。

　また，インデックス目標といって，日経平均やSP500などといったインデックスを上回ることを目標とする。

　受験生時代を思い出して欲しい。試験問題の難易度にかかわらず常に80点以上を目標にするのが絶対値運用になるだろうし，お世話になった？偏差値のように同じ運用者の中で相対的に勝とうとするのがインデックス運用といえる。

　ただここで注意して欲しいのは「**自己責任の原則**」である。いくら運用をプロに任せるといっても，あくまで最終責任はお金を預けた委託者にある。先ほど予定利率の話が出たが，運用者はあくまでそれを目標にするだけで，それを確約するわけではない。確約することは利回り保証といってやってはならない行為である。

(2)リスク許容度

　運用収益（リターン）を得るために，どれだけ危ない橋をわたるかということである。「ハイリスク・ハイリターン」とか「リスクとリターンはトレードオフ」といって，高い収益をあげるには高いリスクを覚悟しなければならない。

　リスクにはいろいろあるが，最も重要視されるのが，「**マーケットリスク（市場リスク）**」と「**クレジットリスク（信用リスク）**」である。

　「マーケットリスク（市場リスク）」とは，有価証券の価格が変動するリスクをいう。もちろん値上がりが問題なのではなく，値下がりのことである。

　実際の資産運用は，「**ポートフォリオ**」といって，債券や株，また同じ債券や株でも複数の銘柄をまとめて持っているのが普通である。この方が，リスクが安定するからである（「**ポートフォリオ効果**」）。これは数学的に証明されているが，例えば，桃太郎の話では，桃太郎のほか，犬と猿と雉がいて，各々がその特徴を生かして鬼をやっつけている。犬が3匹（または猿が3匹・雉が3羽も同じ）よりも，犬・猿・雉の組み合わせの方が強いのだ。

「クレジットリスク（信用リスク）」とは，債券または株といった有価証券の発行体の業績が悪化したり，最悪の場合倒産してしまうリスクをいう。

(3) 運用期間

運用期間も重要である。これはお金の性格による。先ほどから出ている年金などは非常に長い期間を想定しているし，一方，数日，数か月単位の資産運用も考えられる。一般的に期間が長いほどリスクも取れるし，運用収益も高いものが望める。

欧米ではお金持ちが個人の財産を運用のプロである投資顧問に預けているケースが多いが，「これは私の孫やひ孫のために増やして欲しい」と50年100年単位で運用を考えている場合も珍しくない。

(4) 流動性

「流動性」は換金性のことである。いかに早くお金になるかである。例えば，債券であれば，国が発行する国債の方が，会社が発行する社債よりも一般的に流動性に優れている。これは国債のほうが発行量が多く，信用力も高いのでマーケットでの売り買いが盛んであるためだ。株の場合だと，大企業の株の方が中小企業の株よりも発行株数が多く，マーケットに流通している量が多い。

流動性は運用期間とも関係があり，運用期間が短いほど，流動性の確保が必要とされる。逆に長くなれば流動性の確保の重要度は低下する。

以上が，機関投資家が運用に際して考慮している主な項目である。このほかに，運用コスト，税金，各種の運用規制などがある。

運用方針の決定

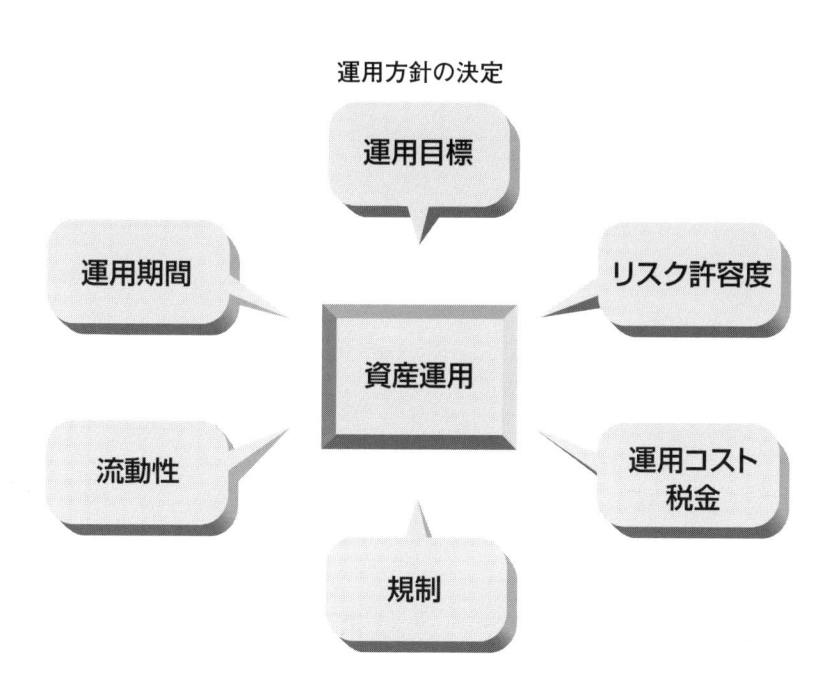

- 運用目標
- リスク許容度
- 運用コスト 税金
- 規制
- 流動性
- 運用期間

資産運用

一歩進んで!

企業年金とは

「**年金制度**」は，若い時にお金を積み立てておき，老後働けなくなったら年金からお金をもらって生活を維持する仕組みである。「年金生活者」「将来的に日本の年金制度があぶない」といった言葉を聞いたことがあるだろう。

会社と年金制度は密接な関係がある。会社の財産の中で，必ず資産運用によって収益をあげ続けなければならないものがある。それが「**企業年金**」である。

(1) 企業年金

年金の仕組みは少し複雑である。まず「**基礎年金（国民年金）**」というものがある。これは日本国内に住所がある人は20歳から60歳まで加入しなければならないもので，国民の義務である。

これに加えて，民間企業のサラリーマンは「**厚生年金（厚生年金基金制度）**」が上乗せとなる。厚生年金制度を取り入れる企業は，独立して厚生年金基金を設立し，「**老齢厚生年金**（年をとってからお金がもらえる年金，一般的な年金のイメージのもの）」を国に代わって支給すると共に，独自の付加部分を加えて給付を行うものである。厚生年金の掛金は企業と本人の各々50%の負担となっている。

サラリーマンの年金は，このように「**企業年金＝基礎年金＋厚生年金**」の2階建て構造になっている。

このほかに「適格年金」があるが，現在は廃止の方向にある。

(2)企業年金の危機

　年金は「あらかじめ決められた利回り」で運用し，将来年金として支払うことを前提として，従業員からお金を集めている。だから，一種の借金みたいなものである。

　この「あらかじめ決められた利回り」のことを「予定利率」というが，運用がこの利回りに達しない場合，実質的な借金が膨らむこととなる。例えば，年金は1年後に100万円返すのを予定して，5％で運用することを前提とするならば，95.2万円お金を預かることになる（95.2万円×（1＋5％）＝100万円）。しかし，実際には3％でしかお金を運用できなければ，1年後に預かったお金は98万円にしかならず，2万円借金が増えたと同じ理屈になる。これが「積立不足」である。積立不足が長期化し，その額が大きくなると，企業年金は危機に陥ることになる。

　バブル崩壊後，運用環境は激変した。運用で予定利率を超えることができなくなったのである。株は1989年を頂点として下がり続けている。景気が悪いので金利は低いままである。金利が低いということは，債券に投資しても儲からないということでもある。すなわち，有価証券の代表である株も債券も，投資して儲からない時代が長く続いているのである。

　また，少子化の進展も問題である。年金は「自分でかけたお金を自分でもらう制度」のように見えるが，実質的には「若者のお金で年寄りを支える制度」となっている。少子化が進展し，支える人々が少なくなっている。

　このような環境の中，企業業績が悪いことも重なり，企業は掛金負担に耐えられず，厚生年金基金の解散や給付の引き下げを行う企業が出てきている。

　また，厚生年金基金は基礎年金の部分も一緒に運用している（「**代行部分**」）。しかし，代行部分の運用が予定利率に達しない場合，その部分の負債も企業負担となるとされている。よって，企業はその負担に耐えられず，代行部分を国に返上する動きがある。これが「**代行返上論議**」である。

(3) 確定拠出年金（401K）

　この企業年金の危機（積立不足）の対策には，「給付の引き下げ」，「掛金以外の拠出を通して不足を補う方法」があり，これと同時に注目を集めているのが「**確定拠出年金（401K）**」である。

　確定拠出年金は企業が契約者となる従業員の個人年金である。

　厚生年金は「もらえるお金の額が一定である年金（**確定給付年金**）」であり，一方，確定拠出年金（401K）は「自分が払うお金が一定である年金」となる。確定拠出年金はアメリカから始まったものであり，アメリカの年金法の401条K項に規程されているので，みんな簡単に401Kと呼んでいる。

　確定拠出年金は，従業員が運用する対象を自分で決め，それに毎月決まった額を支払う年金である。運用対象は株や債券が中心であるが，それを選択するのは個人であり，あくまで将来の年金給付は個人の自己責任となる。

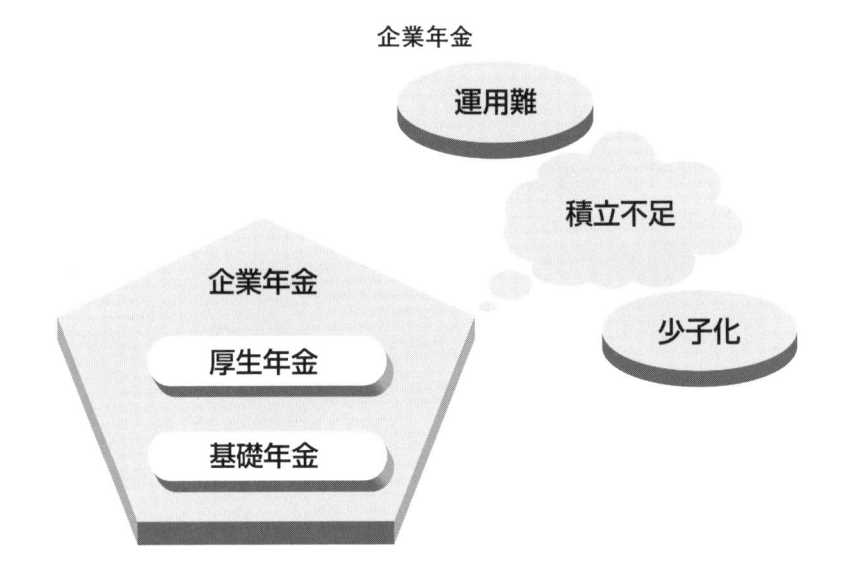

第4章
リスクマネジメント

1
リスクの理解

2
リスクマネジメントの理解

3
生命保険会社の全体的リスクマネジメント―事例

たいていの読者は普通に生活していて，自分にとって「嫌なこと」は避けたいであろう。外出の時に天気が悪い，テストで悪い点を取る，風邪を引く，交通事故にあう，友達とけんかする，犬に吠えられるなど，具体的にはきりがない。
　「嫌なこと」の反対が「うれしいこと」になるが，世の中には「嫌なこと」をしなければ「うれしいこと」や「成功」に至らないことも多い。例えば，苦しい勉強の結果，勝ち取るテストのいい点，病気を治すための手術，などである。
　この「嫌なこと」を「リスク」と置き換えるとリスクに関するイメージがわきやすいであろう。
　会社を経営する時も同じで，会社にとってマイナスにしかならない「リスク」を避けながら，成功に結びつけるために必要な「リスク」をコントロールし，順調に会社を経営したいものである。このようにして会社経営が危機に陥らないようにし，かつ経営発展のチャンスを最大化していくことが，現代的なリスクマネジメントといえる。

1 リスクの理解

(1)リスクとは

　「リスク」という言葉を辞書で調べると「危険」という訳語になる。もともとはギリシャ語が語源で，「岩がごつごつしている海を船が航行する」意味である。いかにも危なそうな感じだ。
　しかし，現代的な意味でリスクは「チャンスの裏返し」という概念を含める。
　だから，「リスク」という言葉の共通の概念は「**不確実な出来事が発生する可能性と，その不確実な出来事によって引き起こされる結果に注目する**」ということになる。

リスクの定義

危険 ＋ チャンスの裏返し

不確実な出来事が発生する可能性
と
不確実な出来事によって引き起こされる結果

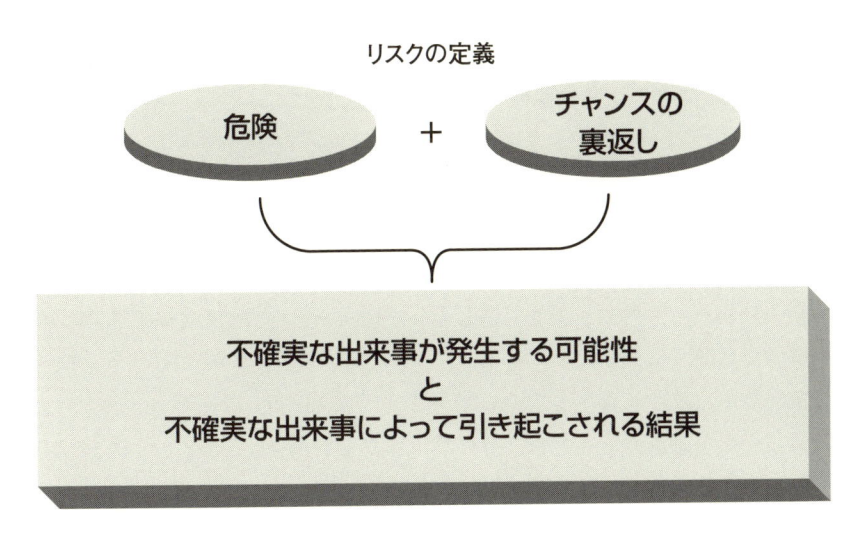

　リスクは生きものであり，時と共に変化することを覚えておいて欲しい。
　例えば，コンピュータウイルスがある。コンピュータウイルスとは，コンピュータに進入し，データを壊したり，誤作動を起こさせるプログラムのことだ。人間を病気にするウイルスと同じように，悪事を働きながら感染していくので，コンピュータウイルスと呼ばれている。昔は，コンピュータはあまり普及しておらず，仮にコンピュータを使っていても現代ほど依存度が高くなかった。だから，コンピュータウイルスに感染してもその被害は限定的であった。コンピュータウイルスのリスクは低かったといえる。しかし今は生活にコンピュータは欠かせない存在であり，インターネットの普及に伴い，コンピュータウイルスの感染力も昔とは比べものにならない。コンピュータウイルスのリスクは飛躍的に高まったといえよう。
　冒頭，リスクを「嫌なこと」と表現したが，「誰でも嫌なこと」と「ある人にとってだけ嫌なこと」があるように，リスクには客観的側面と主観的側面がある。
　「リスクの客観的側面」とはリスクが数字であらわせられることをいう。例えば「火事になったら1,000万円お金がかかる」とか「この病気になったら10人に1人が亡くなる」といったことである。これは事実であり皆が同じ

ようにリスクの大きさを理解できる。

一方,「**リスクの主観的側面**」とは同じリスクであっても,その危険度の感じ方が人によって異なることである。病気に分類されるかもしれないが高所恐怖症などは高いところに異常に危険（リスク）を感じる人の主観的側面といえる。高所恐怖症は特殊な例かもしれないが,リスクの理解度,ロスとゲインの認識度,個人的性質などによってリスクへの認知度に差が生ずる。

個人であれば,何にリスクを感じようが個人の自由ですむであろうが,会社経営ではそうはいかない。経営者間,経営者と従業員の間でリスクに関する認識のギャップが発生するからである。リスクを同じレベルで認識しその対策について話をすることを「**リスク・コミュニケーション**」というが,リスク・コミュニケーションにギャップが発生してしまうのである。ひいてはそのギャップが会社経営を危機に導くことになる。詳しくは後述のリスクマネジメントで述べるが,リスク管理上この認識の差があることは重要である。

(2) リスクの分類(「伝統的定義」と「現代的定義」)

リスクには単なる「危険」という意味ばかりでなく「チャンスの裏返し」という意味があることはすでに述べた。以下にこの2つを詳しく述べたい。

①伝統的定義

まずは,「危険」である。これが「**純粋リスク**」である。「損失のみを発生させるリスク」のことをいう。例えば,火災,交通事故,病気,けが,天災などがこれにあたる。

伝統的にリスクといえばこれをさしていた。

伝統的な定義で,「**リスクの大きさ＝損失の大きさ＝損害の発生確率×損害の強度**」とされている。

時々ニュースなどで「喫煙者と非喫煙者の1,000人当たりの肺ガン発生率の違い」とか「飛行時間○○時間当たりの航空機事故の発生率」とか聞いたことがあると思う。これはこの純粋リスクの大きさを数字であらわしている

伝統的定義と現代的定義

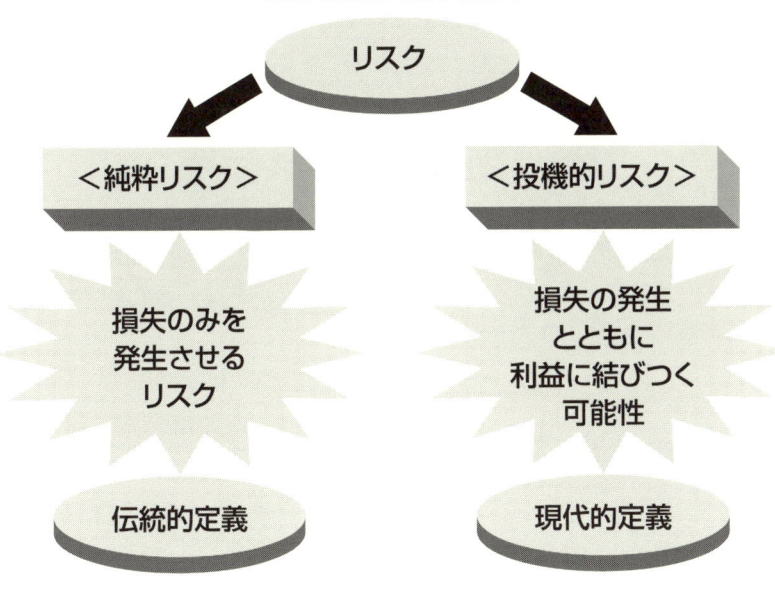

リスク
├─ ＜純粋リスク＞ — 損失のみを発生させるリスク — 伝統的定義
└─ ＜投機的リスク＞ — 損失の発生とともに利益に結びつく可能性 — 現代的定義

ものである。

　また，前述の式にあるように，損害の発生確率と損害の強度が重要である。例えば自動車事故の場合，最悪は死亡事故にいたるが，事故と呼べない簡単な接触事故はしょっちゅう起きている。一方，飛行機事故はめったに起きないが，いったん起きると，乗務員全員が死亡するケースになることが多い。自動車事故は発生確率が高いが損害の強度は低く，飛行機事故は発生確率は低いが損害の強度は高いといえる。

②現代的定義

　次に，「チャンスの裏返し」である。これを「**投機的リスク**」という。「損失の発生と共に利益やチャンスに結びつく可能性」のことをいい，現代的な意味のリスクに定義されている。諺にある「虎穴に入らずんば虎子を得ず」とか，ベンチャーのところで述べた「Nothing venture nothing return．（冒険をしなければ得るものはない）」における，虎の穴に入ったり，冒険を冒すことがこのリスクといえる。この考え方は非常に大事であり，会社を起こし

て経営することは，まさにこの投機的リスクを取り続けて利益をあげることである。リスクがある以上，これを適切にコントロールしてこれをチャンスに変えることが会社経営上重要であることがわかってもらえるであろう。お金を借入して新しい分野へ事業展開をしたり，収益を求めて価格変動がある資産へ投資することなどがこれにあたる。

　上記のほかに，「社会や経済が変化しなくても存在するリスク」を「**静的リスク**」とし，「社会や経済が変化する時に発生するリスク」を「**動的リスク**」とする分類もある。静的リスク≒純粋リスク，動的リスク≒投機的リスク，と理解しておいてかまわない。

(3) 保険可能なリスクの特徴

　保険は，簡単にいうと「人に保険事故があった場合，その保険事故の結果生じた損失額，またはあらかじめ決められた一定額を支払うものである」

　だから，保険可能なリスクは，「**純粋リスク**」すなわち「損失のみを発生させる」リスクであることは容易に理解してもらえるであろう。

　ここでは，会社経営上，どのようなリスクがあり，それに対応してどのような保険があるかを紹介したい。

　会社経営においては
　①人（ヒト）
　②モノ
　③金（カネ）
というものが大事であり（人によってはこれに「情報」を加える），これは会社経営上不可欠なものであるので「**経営資源**」と呼んでいる。各々の経営資源にはリスクがあり，リスク面との対応でこれをまとめると，
　①人＝「**人的リスク**」
　②モノ＝「**物的リスク**」
　③金＝「**責任リスク**」
ということになる。

純粋リスク→人的リスク＝人　　←経営資源
　　　　　　→物的リスク＝モノ←
　　　　　　→責任リスク＝金　←

　この経営資源を守る，すなわち各リスクを軽減させる保険の代表的なものには以下のものがある。

①人にかかわる保険

　まずは経営者である。会社にとっていい経営者がけがをしたり，亡くなってしまうのがリスクである。また，オーナー会社で見られるように，会社の借入金に対して個人的に保証人（会社がお金を返せない場合，会社に代わってお金を返す義務を負う人）になっているケースも少なくない。経営者の信用で会社の業績が成り立っていることも多く，経営者に万が一があることは会社経営上重大な危機をもたらすことがある。

　もちろん，経営者に万が一があった場合，クローン人間であればいいが，まったく同じ経営者を連れてくることは不可能である。だからそのダメージは避けられない。しかし，お金を受け取り，会社に対するダメージを和らげることは可能である。このために経営者に対して「**生命保険**」や「**傷害保険**」をかけることになる。事故があった時に受け取るお金を保険金というが，保険金を受け取ることにより，会社経営のダメージを少なくし，経営者の現場復帰を助けたり，死亡の場合は退職慰労金に充当したりする。

　次は従業員である。従業員は会社の宝であり，従業員が安心して働ける職場が望ましい。会社は従業員が会社の職務上けがをした場合，「**労災保険**」といって，けがの治療代や，後遺症が残った場合，一定のお金が支払われる仕組みがある。これは政府労災といって国が運営しているが，実際は補償額がこれで足りないことが多く，民間の損害保険会社で上乗せの労災保険を発売している。

　また，経営者と同じで，従業員のけがや死亡に対して生命保険や傷害保険をかけているケースもある。

②モノにかかわる保険

　モノにかかわる保険の代表は「**火災保険**」である。会社の建物，什器・備品（什器も備品も会社の中にある，机やイス，ロッカーなどを指すのだが，会社の会計上呼び方を変えているだけであり，什器と備品の違いは気にしなくていい）が火事で燃えた時にお金が支払われる。

　また，一口に火災保険というが，実際にはいろんな種類があり，保険によっては落雷，破裂・爆発，建物外部からの物体の衝突，水漏れ，風水害，盗難などにも支払われる。

　ここで注意して欲しいのは，地震・噴火・津波から発生する建物の損害については「**地震保険**」という別な保険でしか支払われないということである。日本は地震大国で通常の火災保険では保険会社が担保しきれないというのが別な保険になっている理由である。古くは1964年の新潟地震，最近では1995年の阪神・淡路大震災で，地震が原因で火事になったケースが多く，普通の火災保険で支払われると思っていた契約者と保険会社との間でトラブルが発生している。

　また，特別なものに対してもそれぞれの保険がある。例えばコンピュータ総合保険というものがあり，これは情報機器ばかりでなく，データの復旧費用も担保してくれるものである。また，宝石や絵画といった小さくても高価なものについては動産総合保険というものがある。

③金にかかわる保険

　現金そのものについては宝石・絵画と同じように動産総合保険または火災保険でも一部担保されるが，実際の会社経営上，多額の現金を会社においているケースは少ない　実際に重要なのは，事故が発生したあとの会社経営上のダメージである。

　まずは，「**利益保険**」である。これは会社が火災などの偶然な事故にあい，その結果，営業ができなくなった場合，その間の利益を補償しようとするものである。

　次は「**賠償責任保険**」である。おそらく会社経営上の「お金にかかわる保険」の中で最も重要であろう。賠償責任とは，会社がその業務に起因して，

人やものに損害を与えた場合，その損失額を補償しなければならない義務をいう。その代表格が「**PL保険**」と呼ばれるものである。PLとはProduct Liabilityの略で，日本語では「**製造物責任**」という意味になる。

　雪印乳業が起こした事件を思い出して欲しい。あの時は乳飲料にあった毒素で数多くの人が食中毒を起こした。原因は雪印のミスにあり，乳飲料を買って飲んだ人には何ら落ち度はなかった。当然，雪印は被害者の治療費や精神的な苦痛に対する慰謝料を支払う義務が発生したわけである。雪印のケースは悪質であったかもしれないが，通常の会社経営において，いくら最善をつくしていても，このようなことが発生する可能性はあるのである。万が一発生した場合に会社の損失を担保しようとするのが，このPL保険である。

　この保険は，単に事故を発生させた会社を担保するばかりでなく，被害にあった数多くの人々を救済するという意味において社会的な意義は大きい。

　説明上，会社の経営資源である人（人的リスク）・モノ（物的リスク）・金（責任リスク），に別けて説明したが，実際の保険の多くはこれらが組み合わされている。

　その典型的な例は「**自動車保険**」である。一般的な自動車保険は「**①車輌保険②対人保険③対物保険④搭乗者傷害保険**」がセットになっている。

　「**車輌保険**」は契約自動車そのものの修理代を担保するものであり，「モノにかかわる保険」といえる。「**対人保険**」，「**対物保険**」はともに自動車事故から発生した賠償責任を担保する「お金にかかわる保険」といえる。「**搭乗者傷害保険**」とは契約自動車に乗っていた人の死亡や傷害に対して支払われるものであり「人にかかわる保険」といえる。

　なお，保険会社によっては「リスクコンサルタント部」といった名称の部署やリスクコンサルティング専門の子会社があり，会社経営上のリスクを発見し，その対策について助言をしてくれる。

(4) ハザード・ペリル・リスク・ロスの関係について

　事故が起きたとする。事故には原因があり，事故を拡大させる要素があっ

リスクと保険

- 人（人的リスク）
  - 生命保険
  - 傷害保険
  - 労災保険
- モノ（物的リスク）
  - 火災保険
  - 車輌保険
  - 動産保険
- 金（責任リスク）
  - 利益保険
  - 賠償責任保険
  - PL保険

たり，また，事故の結果損失が発生しているはずである。

　リスクマネジメントを行うには，このような事故にかかわる要素を的確に分析し，それに対応することが大切である。言葉が複雑であるが，リスクとリスクマネジメントの理解に役に立つ。

①ハザード

　まずは「ハザード」である。これは「事故の原因，または拡大要因」という意味である。「危険状態」ともいう。
　このハザードを分類すると，
　　①物理的・環境的ハザード
　　②精神的（morale）ハザード（無関心・不注意）
　　③倫理的・道徳的（moral）ハザード（不道徳・悪意）
がある。
　自動車事故の原因分析をした場合，道が狭くて急カーブが多い，霧がかかっていたなどが物理的・環境的な事故の原因，すなわち①物理的・環境的ハザードになる。長く運転していて疲れてしまいついつい不注意になったこと

が事故原因であれば②精神的ハザードといえる。飲酒運転やスピード違反など法律違反が事故原因であれば③倫理的・道徳的ハザードになる。

余分なことかもしれないが，moraleとmoralは誤植ではない。もともと2つは同じ語源であろうが，moraleはやる気とか勤労意欲を意味し，moralは道徳心を意味している。この2つの意味がわかれば，ハザードの違いも理解できるはずだ。

②ペリル

次は「**ペリル**」である。これは「損失の原因となる事故そのもの」を意味している。だから「リスク」とは「ペリルが発生する可能性」といえる。

ここで注意したいのは「ハザード」には事故の拡大要因という意味もあり，「ペリル」が発生したあと，再び別のハザードによって「ペリル」が拡大することである。例えば，自動車事故において不注意（精神的ハザード）で人を跳ねた人が，けが人をそのままにして逃走し（倫理的・道徳的ハザード）結局すぐに病院へ連れて行けば助かった人が亡くなってしまう場合である。

また，実際の事故においてはどちらが「事故原因（ハザード）」か「結果事故（ペリル）」かがわからないことも多いので，ペリルとハザードを分けることが難しいこともある。

③リスク

「**リスク**」における純粋リスクについては，ハザードとペリルによって定義すると「ハザードによって引き起こされた（拡大された）ペリルの発生の可能性」ということになる。

このように，「リスク」とは「ハザード」と「ペリル」を統合した概念である。

前述のように，このほかに「リスク」には投機的リスクがある。

④ロス

「**ロス**」とは「リスクに起因して起きた損害」のことである。

純粋リスクからいえばペリルの結果引き起こされた損害といえる。火災に

よる損害，盗難による損害などである。

　投機的リスクからいえば，投資や事業の失敗からの損害となる。例えば，資産運用で儲けようとして，価格変動がある有価証券に投資して，失敗してお金を損したケースがこれにあたる。

　ロスには「**経済的損害**（人的損害・財産的損害，責任損害，収益損害，費用損害）」と「**非経済的損害**」がある。

　「経済的損害」については前述の「保険可能なリスク」を参照してもらえれば具体的なイメージがわくであろう。

　「非経済的損害」とは精神的な損害であり，慰謝料によってまかなわれる精神的な苦痛はその代表例である。また，自動車事故を起こして「二度と車に乗りたくない」とか，大きな事故のあとよく話題になっているが，事故経験者が事故の恐怖によって精神が不安定になるのもこれにあたる。

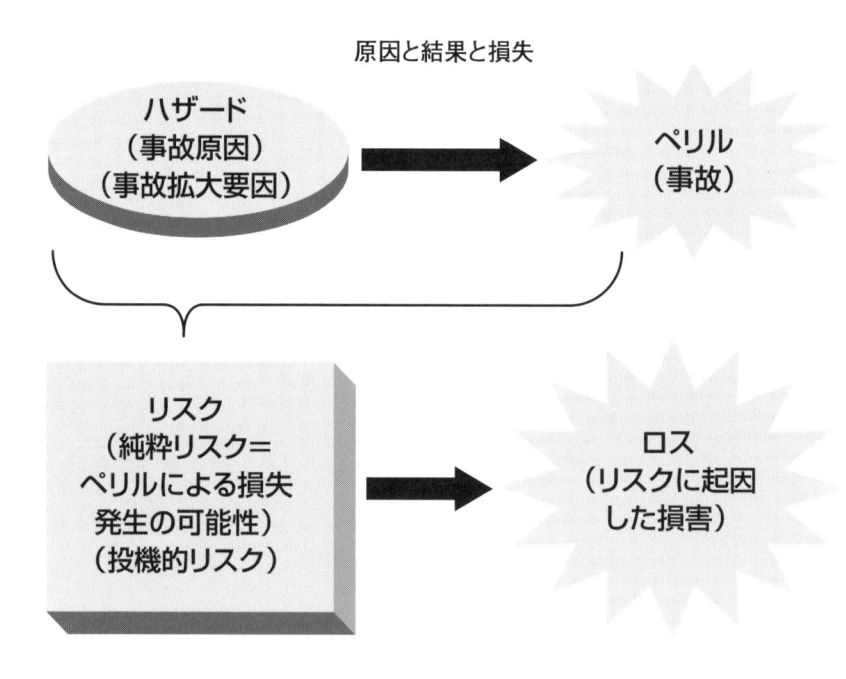

原因と結果と損失

ハザード（事故原因）（事故拡大要因） → ペリル（事故）

リスク（純粋リスク＝ペリルによる損失発生の可能性）（投機的リスク） → ロス（リスクに起因した損害）

(5)金融機関特有のリスク

　本書は「金融」を理解することを目的としているので，金融機関が主に持っているリスクについて簡単に述べておきたい。

　金融機関は「信用」が大切であり「巨額のお金」を取り扱う。また，紙と鉛筆だけの商売であり，「事務量も膨大である」。さらに，「資金調達」と「資金運用」に長けていなければならない。これらの特徴を勘案すると，以下のようなものが金融機関特有のリスクといえる。

①純粋リスク
(損害の発生を防ぐべきもの)
　①取引リスク：膨大な事務量の中での，取引上のミス，取引先とのトラブル
　②コンプライアンスリスク：従業員の不正行為，取引きの違法性
　③情報管理リスク：顧客情報の漏洩，情報データの毀損
　④タックスリスク：意図せざる脱税，税務当局とのトラブル

②投機的リスク
(金融機関本来の業務として収益チャンスとしてコントロールしなければならないもの)
　①**クレジットリスク(信用リスク)**：融資先の倒産(デフォルト)，業績の悪化
　②**マーケットリスク(市場リスク)**：保有有価証券の大幅な価格下落，為替の変動
　③**流動性リスク**：換金性の欠如，スプレッド(価格に変化がなくても，購入価格と売却価格に差があること)
　④**ALM（資産負債管理）**：資金調達の資金運用の不一致
　⑤**レピテーションリスク**：評判の悪化，高評判による本業の成功
　⑥**戦略リスク**：戦略の巧拙によって収益他に変化が生ずる(価格戦略，商品開発，チャネル戦略など)

金融機関特有のリスク

純粋リスク

取引リスク
コンプライアンスリスク
情報管理リスク
タックスリスク

損害の
発生を防ぐ

投機的リスク

本業収益に
結びつく

クレジットリスク
マーケットリスク
流動性リスク
ALM
レピテーションリスク
戦略リスク

2 リスクマネジメントの理解

(1) リスクマネジメントの定義

　冒頭の繰り返しになるが，例えば会社であれば，会社にとってマイナスにしかならない「リスク」を避けながら，成功に結びつけるために必要な「リスク」をコントロールし，順調に会社を経営したいものである。このようにして会社経営が危機に陥らないようにするのがリスクマネジメントといえる。

　これをもう少し一般的な言い方にすると次のようになる。これは，リスクマネジメントの先進国であるオーストラリアとニュージーランドにおけるリスクマネジメント規格（AS／NZS4360：1999）の例である。

　リスクマネジメントとは「組織の活動，機能またはプロセスに伴うリス

クが，組織に与える影響を最小化させ，かつ好機を最大化させるように論理的，システム的に状況の確定，リスクの特定化，分析，評価，監視及びコミュニケーションすること」をいう。

　リスクの定義で述べたが，今までは「純粋リスク」だけがリスクとされていた。純粋リスクとはロスが発生する可能性である。「リスク＝ロス」だから，リスクマネジメント＝「**ロスの最小化**」と考えられていた。

　このロスの最小化には「**リスクコントロール**」と「**リスクファイナンス**」という２つの方法がある。

　リスクのことを「嫌なこと」と表現したが，この「嫌なこと」を避けたり，「嫌なこと」が起きてもそれが大事にならないようにするのが，「**ロスの回避・軽減**」であり，「**リスクコントロール**」と呼ばれる。例えばインフルエンザが流行ると予想するならば，外出から帰ったら手を洗いうがいをする。また，あらかじめ予防接種をしておくことになろう。

　次に，「嫌なこと」を人に代わってもらう，または「嫌なこと」が起きたら人に助けてもらうことも可能である。これが，「**ロスの移転・保有**」であり，「**リスクファイナンス**」と呼ばれる。典型的な例が，保険をかけることである。火災保険であれば火事が起こった時，自動車保険であれば自動車事故が起きた時，保険会社が損害を担保してくれるわけである。先ほどのインフルエンザでいえば，インフルエンザにかかった苦痛は代わってもらえないけれど，お医者さんの治療費は健康保険でまかなってもらえることになる。

　この考え方に加えて，「投機的リスク」を積極的にマネジメントすべきというのが，現代的なリスクマネジメントの考え方である。投機的リスクとはチャンスの裏返しであった（「**リスク＝ロスとチャンスの可能性**」）ことを思い出して欲しい。だから，「ロスの最小化」ばかりでなく「**チャンスの最大化**」を追求しようとするのが現代的なリスクマネジメントとなる。「チャンスの最大化」とは経営戦略に深くかかわることであり，目標にいかに到達するかということでもある。「ロスの最小化」と「チャンスの最大化」との適切なバランスを取ることを「**リスクの最適化**」という。つまり，「リスクの最適化」とは「いかに有効な会社経営を行うか」と同じと考えてもらっていい。

　例えば，会社が新しくお金を借りて新規店舗を出そうと考えたとする。

1,000万円借りると1店新しい店舗を出すことができる。ある経営者はまず1,000万円だけ借りて1店だけの新しい店舗で様子を見ようとするだろうし，別な経営者は1億円借りていきなり10店舗を出そうとするであろう。1億円借りる経営者の方が1,000万円しか借りない経営者よりもチャンスは大きいがリスクも大きいのである。経営者は自社の売上，返済能力，店舗の立地などあらゆる角度から検討して「いくら借りて，何店舗出すか？」を決めることになる。

日常生活においても無意識のうちに「リスクの最適化」を行っている。車で目的地へ行こうとする。「高速に乗れば早いがお金がかかる」「一般道で行けば遅いがお金がかからない」。この2つで悩み，高速と一般道の最適な組み合わせを考えたことがあるはずだ。これは早く目的地に着くこと（チャンス）とお金がかかること（ロス）とのバランスをとっている。これに加え「高速は危ない」と感じるようであれば，これに安全性を考えるなど，いろんな要素のバランスを考えることになる。

これらが，リスクの最適化であり，現代的な意味のリスクマネジメントの特徴の1つである。

現代的リスクマネジメントの目的

- ロスの最小化（純粋リスク）
- ロスの最小化 ＋ チャンスの最大化（投機的リスク）
- リスクマネジメント
- リスクコントロール リスクファイナンス
- リスクの最適化

(2)リスクマネジメントの方法

会社において，どのようなプロセスを経てリスクマネジメントは行われるのであろうか。大きく分けて次の5ステップとなる。
①状況の確定
②リスクの発見
③リスク評価
（リスク分析）
（リスク評価）
（リスクの受容）
④リスク処理
⑤監視と見直し

次頁にリスクマネジメント・プロセスの説明図を入れたので，まずは概要をご覧いただきたい。

①状況の確定

第1ステップは「**状況の確定**」である。孫子の兵法ではないが「おのれを知る」ことから始めようということである。

「投機的リスク」という点で，リスクマネジメントは会社経営そのものであるので，会社の事業戦略，目標，組織が深くかかわることになる。急拡大の事業戦略を取っていれば，それに伴うリスクも大きいといえるし，目標が高ければ一般的にリスクも大きい。中央集権的な組織であれば，リスクも集中していることが考えられる。

「純粋リスク」面において，建物の火災に注目するのであれば，業務の形態，建物の立地，建物の構造などがリスクに大きな影響を及ぼすことになる。

また，自らのリスクマネジメントの巧拙の現状を把握するのも重要である。自社のリスク基準の有無，基準の適格性，基準の遵守状況などが，考慮すべき点である。

第4章 リスクマネジメント　109

リスクマネジメント・プロセス（AS/NZS4360:1999参照）

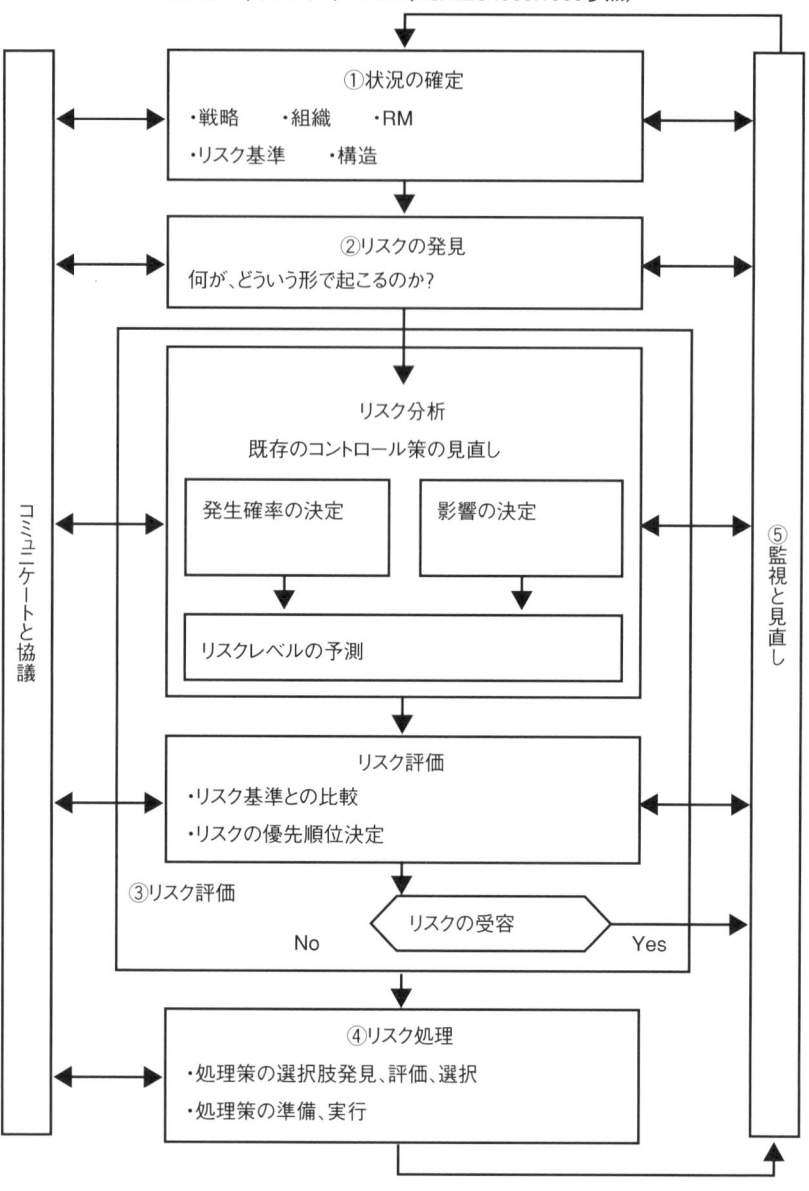

```
┌─────────────────────────────────────────────┐
│ ①状況の確定                                 │
│   ・戦略    ・組織    ・RM                   │
│   ・リスク基準  ・構造                       │
└─────────────────────────────────────────────┘
                    ↓
┌─────────────────────────────────────────────┐
│ ②リスクの発見                               │
│   何が、どういう形で起こるのか？             │
└─────────────────────────────────────────────┘
                    ↓
┌─────────────────────────────────────────────┐
│          リスク分析                          │
│       既存のコントロール策の見直し           │
│   ┌──────────────┐  ┌──────────────┐        │
│   │ 発生確率の決定 │  │  影響の決定   │        │
│   └──────────────┘  └──────────────┘        │
│          ↓                ↓                 │
│   ┌──────────────────────────────┐          │
│   │    リスクレベルの予測          │          │
│   └──────────────────────────────┘          │
│                                              │
│   ┌──────────────────────────────┐          │
│   │     リスク評価                 │          │
│   │   ・リスク基準との比較         │          │
│   │   ・リスクの優先順位決定       │          │
│   └──────────────────────────────┘          │
│ ③リスク評価        ↓                        │
│              ＜リスクの受容＞                │
│           No              Yes                │
└─────────────────────────────────────────────┘
                    ↓ No
┌─────────────────────────────────────────────┐
│ ④リスク処理                                 │
│   ・処理策の選択肢発見、評価、選択           │
│   ・処理策の準備、実行                       │
└─────────────────────────────────────────────┘
```

（左側：コミュニケートと協議　／　右側：⑤監視と見直し）

②リスクの発見

第2ステップは「**リスクの発見**」である。

現状を把握しリスクを発見することは，どこにリスクがあるか（「**リスクの所在**」）を考えることでもある。

具体的には，リスクを分類し，チェックリストなどによってこれを発見するわけだが，会社内の事由に起因するものか，会社外の事由に起因するものかを分けて考えるのも1つの方法である。

会社内の事由に起因するものとは，会社組織の構造，社内の文化，組織目標，社内の人間関係，などに起因するものである。何か問題があっても現場で握り潰されていて経営トップに伝わらないといったことは，組織構造に問題があるといえる。同じく使い込みなどの不祥事が起きてもそれを厳しく罰することをせず穏便に済ませ，再び不祥事が繰り返されるなどは社内文化の問題である。

会社外の事由に起因するものとは，天変地異をはじめ，経済動向，市場動向，社会動向，政治動向などに起因するものである。例えば保有有価証券が相場の下落によって損失を出した場合は，経済動向や市場動向に起因することによる。規制が変わって商品が売れなくなることは社会動向や政治動向に起因することになる。

これらの分類は，リスクを発見するためのチェックリスト的な意味合いで重要であり，事故（ペリル）やロスの発生は会社内外の複数の要素（ハザード）がからむことが多い。

保険のところで述べたが，自動車事故が起きると①自社車輌が破損する②賠償責任が発生する（対人・対物）③車輌に乗っていた従業員がけが・死亡する④事故に起因して会社事業に損失が出る⑤事故が悪質であれば会社の評判に悪影響を及ぼす，など1つの自動車事故からいろいろなリスクが発見されることになる。

③リスク評価

第3ステップは「**リスク評価**」であり，さらにこれが「**リスク分析**」「**リスク評価**」「**リスクの受容**」に細分される。

「リスク分析」とは，発見されたリスクがコントロール可能なリスクかどうか見極めたり，事故の発生頻度（確率）と実際に事故が発生した時の影響を決定して，リスクレベル（予想損失）を予測することをいう。

自動車事故であれば，社有車を100台保有し，1年間に事故を起こす車輌が5％（発生頻度）とし，1事故当たりの損害が平均300万円（発生の影響）とするならば，リスクレベル（予想損失）＝100×5％×300万円＝1,500万円となる。

「リスク評価」とは，リスク分析によって導き出されたリスクレベルを，会社経営上の影響度合いを考慮し，また，すでに「**リスク基準がある場合はそれと比較**」し，その「**リスクの重要度に優先順位を決定する**」ことである。

自動車事故であれば，何よりも被害者救済，そして人に対する賠償という点で高額な賠償も予想されることから，対人賠償のリスク対策が最も優先されるのであろう。その次は従業員のけが・死亡であろうか，会社によっては対物賠償を優先するところもあるであろう。これらは，事故発生の頻度，発生時のロスの大きさ，それが会社に与える影響，会社のおかれた状況，会社の理念・考え方によって優先順位がつけられることになる。

「**リスクの受容**」とは，リスク分析・リスク評価されたリスクがそのままで受け入れ可能かどうかを判断することである。

リスクの性質が「純粋リスク」であれば，軽減すべきリスクであるので以下に記述するリスク処理を検討した上で，このリスクは「保有し続けても問題ないと判断したリスク」（これを「**許容リスク**」という）としてリスク処理しないで残すことになる。

また，リスクを保有することは会社経営上重要な事柄であるので，「リスクの引受または保有の決定」を経営が把握すると同時に，文書化された手続き等によることが望ましい。

次にリスクの性質が「投機的リスク」であれば，これは「チャンスの裏返し」であり，最初に受容すべきリスクとして検討されるべき項目となる。もちろん，「チャンスの裏返し」であっても無限に取れるリスクではないので，リスク処理も合わせて検討されなければならない。

例えば，自動車事故であれば，車輛そのものの損害は最大でも自動車1台分の損害であり，保険をかけずに，事故が起きた時はあきらめることを覚悟することになる。

④リスク処理

第4のステップが「**リスク処理**」である。「**リスク戦略**」とか「**狭義の意味のリスクマネジメント**」とも呼ばれている。

第3ステップで評価されかつ受容できないリスクに対して，何らかの対策行動を起こす段階である。

具体的には以下になる。

(ア)　リスクの移転

保険をかけたり，リスクファクターを外部委託する。また，単なる移転ばかりでなく，自分が引き受けたくないリスクを移転し，自分が引き受けてもいいリスクと交換する移転もある。

自動車事故であれば，自動車保険に加入したり，自動車による配送業務を外部委託するというようなことがリスクの移転であろう。こうした方法には何らかの資金が要る。例えば，保険でリスク移転をしようとする場合には保険料を積み立てる必要があるように，リスクに対し，このように何らかの資金手当てをしようとする方法を総称し，「**リスクファイナンス**」という。

また，このようにリスクを軽減することを「**リスクヘッジ**」と呼ぶ場合があり，それにかかる費用を「**ヘッジコスト**」と呼ぶ。このヘッジコストが大きければリスク移転が難しくなる。

ある大手運送会社は「自社の自動車事故の予想損失とそれを軽減するための保険料を比較し，保険料の方が高いと判断して，まったく自動車保険に加入していない」ところがある。

金融機関が行う「**スワップ取引**」はリスクの交換の例といえる。ある銀行がお客様から長期間の定期預金を集め過ぎたとする。定期預金は今の段階で将来の金利を約束するもので，将来金利が低下した場合，低い金利になったにもかかわらずお客様には高い金利をつけなければならない。その不確実性が金利リスクとなる。一方，別な銀行は短い定期預金を集め過ぎたとする。

第4章　リスクマネジメント　113

同じように短期金利にリスクが多くなる。この2つの銀行はお互い集め過ぎたリスクを交換することによって，銀行経営が安定するようになる。これがスワップ取引である。

(イ)　リスク発生確率の低下

業務プロセスを改善したり，従業員を訓練したり，社内チェック体制を強化したりして，事故の発生を未然に防ごうとすることである。

自動車事故であれば，ドライバーの性格診断をして安全教育を徹底するようなことになる。

(ウ)　リスク発生による影響力の低下

不測事態に対応する計画を立てたり，対外契約などによって事故が起きた時の損失を限定的にしようとすることである。

自動車事故であれば，事故後の対策マニュアルを設定したり，契約によって速やかに別な車輌を手配して会社業務への影響を低下させることがある。

これら，(イ) リスク発生確率を低下させたり，(ウ) リスクの影響の大きさを小さくすることを総称し，「**リスクコントロール**」という。リスクマネジメントではまずこのリスクコントロール策を考慮することが重要である。

(エ)　リスク回避

リスクそのものを回避しようとすることである。分野によってはコンサルタントの活用が有効である。

自動車事故であれば，事故は絶対避けたいので，社有車は持たないで他の手段で業務を遂行するということになる。

⑤リスクの監視と見直し

第5のステップが「**リスクの監視と見直し**」である。

せっかく綿密な「リスク処理」を計画してもこれが実際に実行され，成果をあげなければ意味がない。また，会社は生きものであり日々刻々と状況は変化している。それに伴いリスクも日々変化している。リスクマネジメントにおいて状況変化に適切に対応し会社経営を安定させる必要がある。

なお，このリスクマネジメント・プロセス全体にわたって重要なのが，「コミュニケートと協議」である。各ステップにおいて十分な「**リスク・コ**

ミュニケーション」と協議がなされなければならない。ここでいう「リスク・コミュニケーション」とは，「リスクマネジメントの実施責任者と組織内外の利害関係者とが，リスクマネジメント全般に関する意思決定の根拠及び，特定の行動の理由などについて，双方向の対話を行い協議することをいい，一方通行的に意思決定者から相手利害関係者に情報が流されることではない」。従って，この作業はリスクマネジメント・プロセスの初期の段階から重要なものとなる。

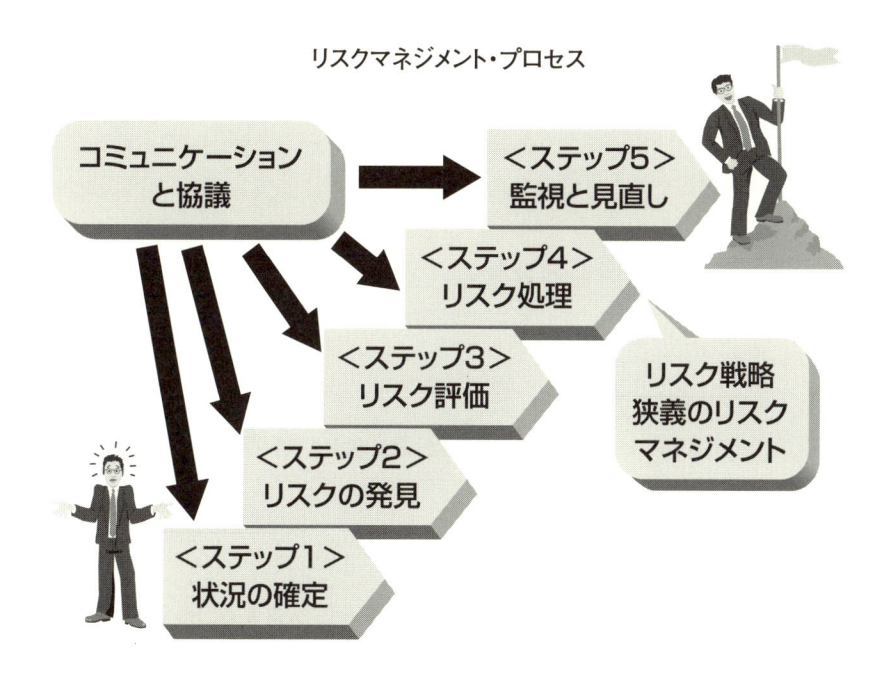

リスクマネジメント・プロセス

- コミュニケーションと協議
- ＜ステップ5＞ 監視と見直し
- ＜ステップ4＞ リスク処理
- ＜ステップ3＞ リスク評価
- ＜ステップ2＞ リスクの発見
- ＜ステップ1＞ 状況の確定
- リスク戦略 狭義のリスクマネジメント

(3) これからのリスクマネジメントの考え方

リスクマネジメントの定義，プロセスについて述べたが，これからの会社経営においてリスクマネジメントについてどのように考えていったらよいであろうか。

① リスクマネジメントの目的

リスクについて単に損失だけを発生させる「純粋リスク」のみをとらえる

のではなく,「チャンスの裏返し」である**「投機的リスク」**を積極的にとらえるべきである。

　会社経営そのものがリスクを取る行為であり,リスクマネジメントは会社を積極的に発展させ,企業価値を高める有効な手段である。

　リスクマネジメントは会社目標に対する戦略的手段といえる。

②会社システムとしてのリスクマネジメント

　リスクマネジメントが会社経営そのものであるならば,それは個人の力量や職人技に頼ることなく,会社のシステムとしてとらえられなければならない。

　前述のリスクマネジメントの各ステップとプロセスを社内システムとして確立し,組織としての対応力を育てるべきである。

③リスクマネジメントの遂行者

　リスクマネジメントの遂行において経営トップの関与が何よりも大切なことはいうまでもない。

　しかし,それは経営者だけの責任ではない。経営者に加えて,現場の意識が重要である。業務遂行において現場が最も業務に精通し問題の所在,その解決方法を知っているからである。従業員に対するリスクマネジメント教育も怠ってはならない。

　換言すれば**「リスクマネジメントに対する社内文化」**をいかに確立するかということでもある。経営者と現場とのコミュニケーションを密にし,**「リスク・コミュニケーション」**が取りやすい職場が必要である。

④コーポレートガバナンスとの関係

　「コーポレートガバナンス」とは「取締役会が株主の意向に沿うように会社経営をチェックする」ことである。株主にとって企業価値の増大はその株主保有の目的であり,リスクマネジメントを活用し企業価値を高めることは,コーポレートガバナンス上有意義である。

　また,リスクマネジメントの中には**「コンプライアンス(法令遵守)管理」**

が当然含まれており，会社が不祥事を起こさないようにすることは，会社存在の社会性においても意義があることである。

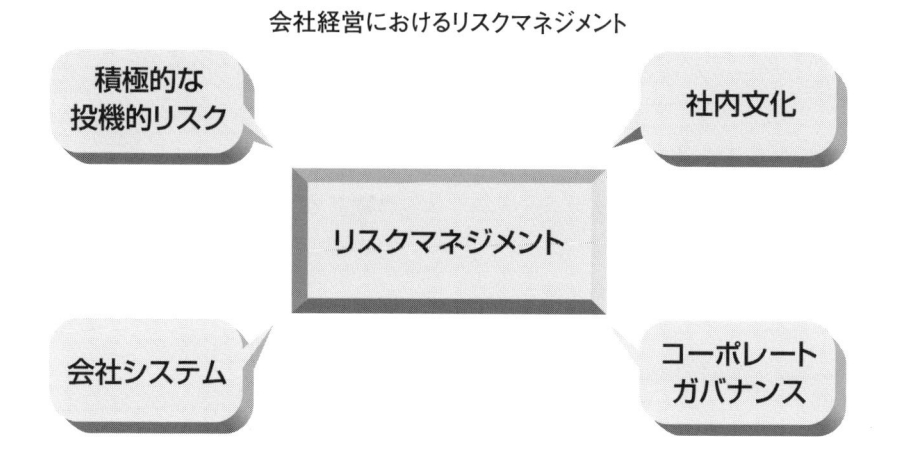

会社経営におけるリスクマネジメント

- 積極的な投機的リスク
- 社内文化
- 会社システム
- コーポレートガバナンス
- リスクマネジメント

3 生命保険会社の全社的リスクマネジメント―事例

　本書では，リスクマネジメントに関し，第１章で金融サービス機関特に保険業のリスクについて概説し，本章（第４章）では，リスク，リスクマネジメントの基礎的な事柄について述べた。また第５章ではリスクマネジメントを強化するためのポイントについても述べている。

　ここでは進歩的なリスクマネジメントを展開しているカナダ生保会社（以下Ｃ社とする）のリスクマネジメントの事例を紹介しておこう（この事例は，ティリンガストータワーズ・ペリン編，眞田光昭訳『全社的リスクマネジメント』，日本内部監査協会，2005年第２版，第６章を参考にしている）。

　Ｃ社は1999年以降，リスクマネジメントのあり方を，全社的で機能横断的なそれに変更し，リスクマネジメントを戦略的，競争的手段として活用する

決定をした。そして全社的リスクマネジメントを「適切な意思決定と，リスク/リターン最適化の文化を可能とするために，C社のビジネスすべての局面でリスク/リターンのトレードオフを識別し，測定し，監視する統合化されたプロセス」と位置づけている。全社的リスクマネジメントの体系の原則，同社のリスク分類，構造，リスク・コミュニケーションは以下の通りである。

(1) 全社的リスクマネジメント体系の原則
下記事項が全社的リスクマネジメント体系の原則である。
・株主価値の最大化
・リスクプロファイルの明確な説明と伝達
・ポートフォリオ全体の最適化
・将来を見据えること
・リスク/リターンの文化形成
・リスクを理解しやすくすること
・リスクを比較しやすくすること
・柔軟性の維持
・ビジネスモデルの強化

(2) リスク分類
　C社ではリスクを6つに分類している。このいくつかには新しい言葉もあるが，概ね理解できるものである。
①ビジネスリスク（戦略リスク，インフラリスク，顧客リスク＝不健全な販売実務やサービス，品質が，顧客維持と新規ビジネス生成を妨げるリスク，製品リスク＝商品設計と価格設定に関するリスク，競合リスク＝競合他社の自発的行動と対応から生じるリスクと機会，政府規制のリスク，評判リスク＝C社のイメージとブランドの認知に影響を与えうる活動や実務に関するリスク）
②保険リスク（死亡率リスク，疾病率リスク，失効リスク）
③信用リスク（債務不履行に関するリスク）
④市場リスク（金利変動リスク，流動性リスク，為替変動リスク，株価変動

リスク，不動産リスク他）
⑤オペレーショナル（業務）・リスク（人間，プロセス，テクノロジーの失敗により発生した財務的結果についての不確実性。プロセスリスク，システムリスク，統制リスク，モデルリスク＝モデルやツール，システムの構築において，不適当な仮定や手法を使うリスク，不正リスク，法令順守の違反リスク，訴訟リスク，情報セキュリティ・リスク，自然災害リスクを含む）
⑥組織リスク（会社の構造，能力に起因して生じる財務的結果についての不確実性。人材リスク，インセンティブ・リスク，文化リスク＝会社文化を，会社のリスクとリターンの目的と関連付けない，あるいは組織全体で文化を伝達しないリスク，変革マネジメント・リスクを含む）

(3)全社的リスクマネジメントの構造

上記6つのリスクに対し，C社は次の3つのチームが説明責任を有する構造にしている。

C社の組織構造とリスク分類の適用範囲

企業リスクマネジメント
├ 投資リスクマネジメント・チーム
├ 企業監査チーム
└ 保険数理チーム

信用リスク／市場リスク／ビジネスリスク／業務リスク／組織リスク／保険リスク

出典：ティリンガストータワーズ・ペリン編，眞田光昭訳『全社的リスクマネジメント』，日本内部監査協会，2005年。

一歩進んで!

有価証券投資におけるリスクの最適化

　すでに述べたが，機関投資家が有価証券投資を行う場合，国内の株，海外の株，国内の債券，海外の債券といった，異なる種類の有価証券を組み合わせることが通常である。これをポートフォリオ運用と呼ぶ。ポートフォリオとはもともと「紙挟み」という意味であり，画家が自分の作品を何枚も重ねて1つに束ねている状態から来ているようだ。まあ，「複数のものが1つのところにある状態」がポートフォリオと思ってもらえばいい。

　このポートフォリオ運用の基本が「**分散投資**」である。分散投資とは「同じ複数でも性質の異なる有価証券に分散して投資する」ことをいう。なぜそのようなことをするのかは，「収益を変えることなくリスクを低減させる」ことができるからである。これを「**ポートフォリオ効果**」と呼んでいる。

　機関投資家はなるだけ低いリスクでなるだけ高い収益をあげようと努力しており，そのために分散投資によるポートフォリオ効果を利用している。

　収益を変えずにリスクだけを低下させるとは都合のいいことである。なぜこのようなことが起きるかというと，資産が異なると価格の動きも異なり，全体の価格変動が安定するからである。これは数学的に証明されている。資産（または個別銘柄）のリスクを価格変動の標準偏差（通常は過去の実績を使う），収益を将来の予想収益（このほかに収益の推計方法はいくつもある），それと資産（銘柄）間の相関係数によって計算する。詳しくは資産運用の本を参考にしてもらえばよい。いろんな資産（銘柄）を組み合わせてこの計算を何回もすると，「最も小さいリスクで最も高い収益」の組み合わせが出てくるのである。

これが，「**有価証券投資における「リスクの最適化」**」となる。
　ただし，計算に使う「リスク」も「収益」もあくまで予測値であるので，計算された結果が将来を約束するものではない。あくまで予測にすぎないことを覚えておいて欲しい。有価証券の資産運用とは難しいものであり，コンピュータで計算された結果だけで成功するような単純なものではない。
　しかし，実績結果として「リスクの最適化」が行われたかどうかを評価することができる。1つの例として「**シャープレシオ**」（シャープレシオ＝（ポートフォリオの収益率－無リスク資産の収益率）／ポートフォリオのリスク（標準偏差））というものがある。これは「1単位当たりのリスクに対してどれだけ収益をあげたか」を計るものであり，「いかに低いリスク（安全に）で高い収益をあげたか」という意味で，有価証券の資産運用では，その運用結果の評価に広く使われている。お母さんが買いもので肉のパックを買う時に，単に500円とか，1,000円とかではなく，「100グラム当たりいくらか」を調べて安いか高いかを判断しているはずだ。シャープレシオとはそんなものと思ってもらえばよい。
　わかりにくいかもしれないので，また，桃太郎の話でポートフォリオ効果のイメージだけ理解しておいて欲しい。桃太郎は犬と猿と雉を巧みに使って鬼退治を成功させた。犬は「かみつく・吠える」という犬の特性を生かし，猿は「飛び掛かる・引っかく」という猿の特性を生かし，雉は「空を飛ぶ」という雉の特性を生かしたわけである。例えば雉だけが3羽いても嵐の時は雉が飛べないし，犬のように泳ぐこともできない。犬または猿だけが3匹いても雉のような空中からの攻撃はできない。あくまでおとぎ話の中であるが，各々がその特徴を生かし，有効に鬼退治できるように考えたのが，犬と猿と雉の組み合わせ（ポートフォリオ）なのである。テレビでもかつての「サンダーバード」や「サイボーグ009」のように異なる特性を持ったヒーロー達が力を合わせて成功に導いている。ポートフォリオの分散投資はこれと同じ役割をはたし，その最も効率的な姿が「リスクの最適化」ということがいえる。

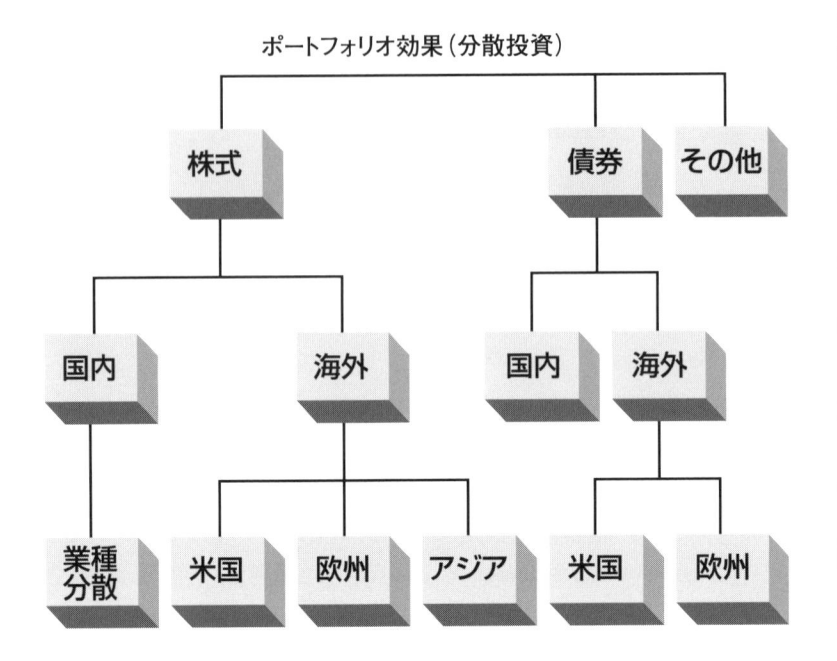

```
                    ポートフォリオ効果（分散投資）
         ┌──────────────────┴──────────────┬─────────┐
        株式                              債券      その他
     ┌───┴───┐                         ┌───┴───┐
    国内    海外                       国内    海外
     │   ┌───┼───┐                            ┌───┴───┐
   業種  米国 欧州 アジア                    米国    欧州
   分散
```

第5章
これからの企業と金融サービスのあり方

1
企業の存在意義と影響力

2
旧来型日本的経営の行き詰まり

3
金融サービス機関の環境変化

4
これからの金融サービス機関のあり方

21世紀を迎え，時代は大きく変化し始めている。地球規模で環境が行き詰まり，旧来型の価値観が大きく転換しようとしている。

このような中，これからの企業はどのように変化していったらいいのであろうか。

1 企業の存在意義と影響力

「**企業の存在意義**」をもう一度思い出して欲しい。

「会社はその業務を通して人々を幸せにする社会的意義を有し，その継続条件として利益をあげ続けなければならない。」これが本書の一貫した主張である。

企業は単にお金儲けのためだけに存在するのではなく，社会的な存在意義があるということを今一度確認しておきたい。

次に「**企業の社会に対する影響力**」を理解して欲しい。企業は社会に対して大きな影響力を有している。

ここで右頁上の表を見て欲しい。

これは世界的な大企業の総売上高とそれに数値が近い国の「**GDP**」を比べたものである。GDPとは国内総生産（Gross Domestic Products）のことで，一定期間に国内で生産された最終生産物の粗付加価値の合計をいう。詳しいことは経済の教科書で勉強してもらうとして，「その国の経済力をあらわしている」と思ってもらえればいい。

2004年度の売上高ベースで世界最大の企業は「ウォルマート・ストア」というところである。世界最大の小売業で，日本では西友に出資して，間接的に小売業を展開している。同社の売上高は，ベルギーやスウェーデンのGDPとほぼ同じであり，オーストリアやトルコのGDPよりも大きいのである。売上高を単純にその企業の経済力とみなすならば，まさに前述の国家並みの経

世界ランク	企業名	総売上高(億ドル)	GDP相当国(億ドル)	
1 (世界最大) (米国最大)	ウォルマート・ストア	2,879	ベルギー スウェーデン オーストリア	(3,018) (3,016) (2,531)
2 (欧州最大)	ブリティッシュ・ペトロリアム(BP)	2,850	トルコ デンマーク ノルウェー	(2,403) (2,208) (2,118)
7 (日本最大企業)	トヨタ自動車	1,726	ギリシャ フィンランド 南アフリカ ポルトガル	(1,722) (1,618) (1,598) (1,478)

出所：企業ランク「フォーチュン誌」(2004年度総売上高)
　　　GDP「世界銀行・経済データ」(2003年度) より著者が作成

済力を有することになる。

　欧州最大の企業はブリティッシュ・ペトロリアムで世界第2位である。石油会社であり、日本でも、緑地に黄色くBPと書かれた看板のガソリンスタンドを見たことがあるかもしれない。この売上高はウォルマート・ストアとほぼ同じである。

　日本最大の企業はトヨタ自動車であり、世界7位である。ギリシャやフィンランドのGDPに匹敵する。

　このように、世界各国のGDPと企業の売上高を比べ、ベスト100を作成した場合、半分以上が企業といわれている。世界には約190か国あり、そのほとんどがいわゆる開発途上国にある。この例に挙がっているのはむしろ先進国の国々であり、実際、大多数の国の経済力はもっと小さい。それを考えると企業の経済力の大きさが国家に比しても大きいことがわってもらえるであろう。

　一企業の影響力を考えてみると、例えば、2000年に雪印乳業が食中毒事件を起こした時、被害者は10,000人にものぼった。法令上、新しく市になるためには人口が30,000人必要であるが、今、日本で最も人口が少ない市は北海

道にある歌志内市であり，人口は6,000人強である。雪印乳業は企業でありながら，1つの市の全人口の1.5倍を超える人々を食中毒に巻き込んだのである。

このように，大企業の製品は日本全国ばかりでなく世界の隅々にまで行きわたっており，テレビコマーシャルなど，有形無形に企業が社会に及ぼす影響は大きなものがある。

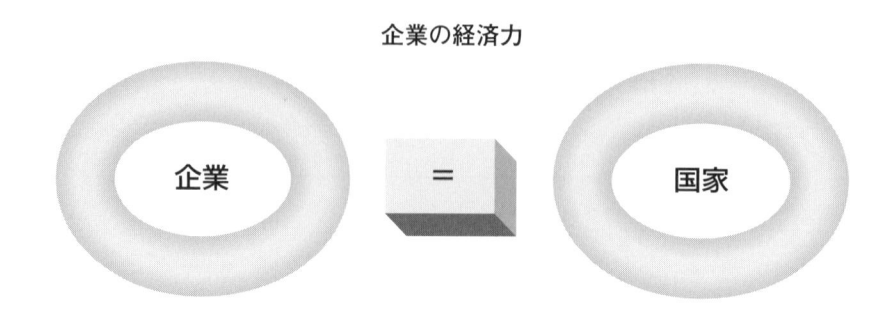

企業の経済力

企業 ＝ 国家

2 旧来型日本的経営の行き詰まり

1989年12月29日に日経平均株価は38,915円をつけて，史上最高値を記録した。いわゆるバブルの絶頂期であった。その後株価は一進一退を続けながらも下落基調は続き現在はその4分の1に近い10,000万円前後で推移している。

この間，日本経済は低迷を続け，政府政策の不備もあり「失われた10年」と呼ばれている。

ではバブルが崩壊し日本経済が低迷している理由はどこにあるのだろうか。答えは簡単でない。政治的要因，経済的要因などが複雑に絡みあっている。

その中で1つの重要な要因が，「旧来型の日本的経営の行き詰まり」である。

ただし，ここで強調しておきたいことがある。それは日本の戦後の発展である。第二次世界大戦に負けた日本は，世界の最貧国からGDP世界第2位へと，世界史に残るような奇跡の発展を遂げた。絶頂期には「ジャパン・ア

ズ・ナンバー・ワン」ともてはやされ，世界中の国々が日本的経営を勉強した時期もあったのである。実はその原動力が今から述べる「日本的経営」であった。

すなわち，「日本的経営」は発展の原動力でもあり，時代の変化とともにその役割が終わったものの，その成功体験から脱しきれず，不況に喘いでいるというのが今の状況と思ってもらえれば良い。

日本の場合，メーカーが良いもの作って輸出し日本経済の発展を牽引してきた。一方，本書のテーマである金融機関はそのサポートを行いながらグローバル化を図ってきたのである。しかし，残念ながら真の競争にさらされた訳ではなく，メーカーに比べ国際競争力がついてこなかったのも事実である。現在の不況下において銀行をはじめとして金融機関の危機が取りざたされているのはそのためである。金融機関は「旧来型日本経営」からの脱皮を強く迫られている。

では，旧来型の日本的経営とはどんな特徴があったのであろうか。以下特徴をあげてみた。

(1)官僚主導
(2)横並び主義
(3)終身雇用・年功序列・企業内労働組合
(4)右肩上神話と含み益経営

この特徴は一見関係がないように見えるが，「最貧国であった日本が，みんなが揃って発展する方法（以下，日本の発展法則）」というキーコンセプトで理解するとわかりやすい。

(1)官僚主導

まずは「**官僚主導**」である。これは日本に強力で優秀な政治家がいないことにも起因するが，企業の監督官庁が強く企業経営に影響を及ぼしたことを意味する。規制が多かったということでもある。日本が貧しく，競争力がなかった日本企業を外国から守るためには，いろいろな規制を設け，外国から

企業が進出できないようにする必要があった。そのためには，国（官僚）主導で規制をつくり守る必要があったわけだ。

一方の弊害は企業と監督官庁の癒着である。企業は常に監督官庁の指導を仰ぎ，その影響力を内部に維持するために，官僚出身の人々を企業内に厚遇で迎えることをした。これが天下りと呼ばれることである。

官僚になることは日本では最も難関であり，官僚の人々は非常に優秀な人々であることは事実である。しかし，行政官と企業経営とは異なる資質であり，行政が企業を指導する，または，企業に大きな影響力を持つことは，かならずしも企業競争力を高めることにはならないのである。

「規制緩和」という言葉を聞いたことがあるであろう。「企業は健全な自由競争のもとではじめて強くなれる」という考え方のもと，古い規制を取り外し，企業の競争を促進しようとすることである。官僚主導と後述の横並び主義に対する反省である。

(2) 横並び主義

次は「**横並び主義**」である。これも前述の官僚主導に大いに関係する。日本の発展法則を実現するには，官僚が主導し規制を強くし，企業の自由度を少なくするのが合理的であった。企業間のあまり激しい競争は好ましくないのである。官僚の主導のもと，みんなが少しずつ利益を取り続けることが平和だからである。だから，同種の企業間においては「秩序あるライバル」としてお互い存在したわけである。

これは金融機関において顕著であり，「**護送船団方式**」と呼ばれ，強い規制のもと，競争力の弱い金融機関でも経営が成り立つような政策が取られた。だから，自由競争を建前としながらも，金融機関においては各社どこも差がないような金融商品が長い間販売されてきたといえる。金融機関においては横並び主義から，経営戦略も他社追随型が主流となり，真の健全な競争がなされることはなかったといえる。

(3) 終身雇用・年功序列・企業内労働組合

次が「終身雇用・年功序列・企業内労働組合」である。これは、「**日本の企業発展の3大特徴**」といわれたものである。

これも、日本の発展法則の企業版と思ってもらっていい。企業を秩序よく発展させる方法であった。

「**終身雇用**」とは企業が従業員を雇ったら、コンプライアンスに反するような大きな不祥事をおこさない限り、定年まで雇い続けることをいう。従業員としては人生設計が立てやすく、長期的展望を持って仕事に取り組めるのである。一方、雇用の安定は能力がない従業員をも保護することになり、「ことなかれ主義」といって、新しく改革したり、体制を批判したりして会社を良くしていこうとする力を削ぐことにもなった。

「**年功序列**」とは、本人の能力ばかりでなく、年齢によって役職が上がっていくシステムである。年長者を敬うことは人としてのモラルであり、その意味において企業内の秩序を保つことには有効である。一方、能力がなくても年限が来れば会社内において指導的立場になることがあり、年齢とかならずしも仕事の能力がリンクしない矛盾を露呈することになる。

「**企業内労働組合**」とは、労働組合が企業内に存在することである。労働者と経営者とは分離され利害が対立することが多いことから、諸外国においては「**産業別労働組合**」といって、労働組合は企業を越えて同じ利害の人々（同じ職種の労働者）で団結・結成されるのが通常である。

企業内に労働組合があることは、企業経営者と労働者が一致して会社を発展させることを容易にした。一方、本来、経営と労働組合にあるべき緊張関係や労働組合に会社へのチェック機能が衰えたのも事実である。特に金融機関においては労働組合の経験者はむしろエリートとされ、組合経験者が経営幹部になるケースも多かった。

(4) 右肩上神話と含み益経営

次が「**右肩上神話と含み益経営**」である。上記の日本的経営が功を奏したこともあり、戦後日本は一貫して経済成長を続けていた。その中で、株と土

地の値上がり神話ができ，企業業績も増え企業は大きくなっていくのが当たり前と考えられていた。これが右肩上神話である。これに伴ない，昔買った株や土地は値上がりし，買った値段よりも実際の価値が大きい含み益を創出することになった。これは企業にとっては好ましいことである。しかし「含み益」はあくまで「含み」であり，実際に実現した益ではないのである。時価が下がれば含みはなくなるが，右肩上神話を信じた企業は，「含み益があるからリスクを取って新事業を行う」「含み益があるから企業に信用があり取引きを開始する」といった，含み益を頼った事業展開を行った。親に財産がある人に対して，本人の資質を問うことなく親の財産だけで取引きを行うようなものであり，バブル後土地も株も値下がることになり，この含み益経営はワークしなくなるのである。

　また，金融機関の融資における担保主義も「含み益経営」に近い。本来，投融資とは「投融資先のビジネスの優劣・将来性に対して判断されるものであり，担保はそのリスクを軽減するための手段である」はずが，担保が主役になり，かつそれが含み益で判断されたのが，今話題になっている不良債権

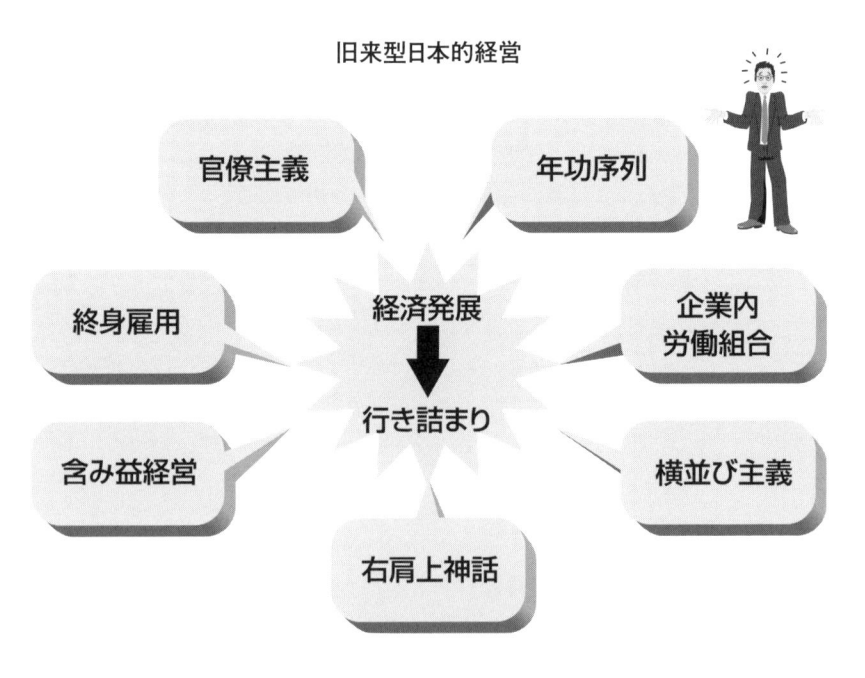

旧来型日本的経営

- 官僚主義
- 年功序列
- 終身雇用
- 企業内労働組合
- 含み益経営
- 横並び主義
- 右肩上神話

経済発展 → 行き詰まり

の根元といえるのである。

　繰り返しになるが，旧来型の日本的経営の特徴は，戦後の奇跡的な発展に大きく寄与した。しかし，現在のような転換期においてはむしろ悪い方向へ働いてしまうことを理解願いたい。

3 金融サービス機関の環境変化

(1)企業をめぐる環境の変化
　金融サービス機関の環境の変化を考える場合，大きな意味での企業をめぐる環境の変化を把握しておく必要がある。

①グローバル化の進展
　企業の経営資源に「人」「モノ」「金」があることはすでに述べたところである。これに「情報」を加える人もいる。
　このすべてにおいて，グローバル化が進んでいる。
　読者は日頃買い物へ行くであろう。日本は世界有数の食糧輸入国であるので，世界中からの食料がスーパーマーケットにはあふれている。「モノ」が動くことはその対価である「お金」も世界中を駆け巡っていることになる。ましてや有価証券（株・債券）や外国為替にいたっては，「モノ」とは関係なくお金だけが世界中を駆け巡っている。
　それ以上に「情報」のグローバル化は驚くべく状況である。メディアは世界中の情報を提供し，個人であってもインターネットの普及で，世界中の情報をリアルタイムで手に入れることが出来る。
　グローバル化の意味するところは，世界的な基準やルールで企業は取引しなければならないことを意味している。これは金融の世界も例外ではなく，むしろ「お金」を扱う分だけ，早急にグローバル化が求められることとなった。これが後述する金融改革の大きな要因でもある。

②深刻化する「環境問題」「南北問題」と「持続可能な社会」の実現

　深刻なのは「環境問題」である。先進国は20世紀の経済発展において，環境資源を使い，環境破壊を続けてきた。そしてここへ来て限界が論議されている。その中でも，地球の温暖化が最も深刻である。2005年2月に「京都議定書」が発効となり，日本が国を挙げて地球温暖化対策に取り組んでいることはご存知であろう。環境資源を使い尽くした先進国が，これから環境資源を使って経済発展をとげようとしている発展途上国を阻害しているのである。現在，脅威的な発展を続けている中国国民12億人が米国並みの生活を行ったら，地球は破綻するとも言われている。

　「南北問題」も深刻である。ソビエト連邦の崩壊をはじめとして，戦後の冷戦構造であった，資本主義と共産主義とのイデオロギーの対立が無くなった。一方で，先進国と発展途上国との経済格差は広がりつつある。これ以上，発展途上国を置き去りにして，先進国だけが発展を続けることは限界であり，先進国の経済発展を犠牲にしても，南北問題の解決が必要である。

　全体が拡大しない中，**「持続可能（サステナブル）な社会」**という考え方が重要視されるようになってきた。社会の継続性，その一員としての企業の持続性である。環境問題，南北問題など，全体の調和をはかりながら有限な地球で共存していこうという考えである。

　企業は社会の一員として，ステークホルダー間の利益を調整しつつ自らの持続可能性を維持しつつ，継続可能な社会の創出に貢献しなければならない。

③価値観の変化

　次に価値観の変化である。
　競争性・効率性重視から，社会性・人間性を重視した考え方への変化である。
　その背景には，冒頭に企業の存在意義を示した「人を幸せにするために存在する会社」が逆に人を不幸にした現実があり，また，その反省でもある。
　競争性・効率性を重視するあまり，企業は社会性・人間性を軽視した行動をとることに無頓着であった。例えば，廉価な製品を作るために，発展途上

国のしかも低賃金の児童労働を酷使したことがある。これは「スウェットショップ（搾取工場）」と呼ばれ，社会的に批判をあびた現象だ。スポーツ用品の大手メーカーであるナイキはかつてこの批判にさらされた。

今まで「利益を追求するためには，当然行われてきたこと，我慢しなければならないこと」と思われてきたことについて，社会性・人間性の観点から，本当にそれで良いのかと気がつき始めたといえる。

④企業評価の変化

最後は，企業評価のモノサシの変化である。**「企業の社会的責任（CSR, Corporate Social Responsibility）」** が問われていると言って良い。

今までは企業評価のモノサシは「利益」であった。利益さえあげていれば優良企業とされてきた。しかし，アメリカのエンロン社（損失隠し），日本では，三菱自動車（リコール隠し），雪印乳業（食中毒），西武鉄道（株主の虚偽記載），カネボウ（粉飾決算）などが記憶に新しいが，企業の不祥事は絶えることはない。過度の利益追求，それにともなう企業モラルの低下が不祥事を引き起こしているともいえる。

企業評価のモノサシとして，企業の社会責任が強く求められ始めている。企業というものは，社会の一員として，単に利益追求ばかりでなく，社会的な責任をはたすべきであるという考え方である。

「企業の社会的責任」については様々な定義があるが，企業の本来の存在意義に立ち戻り，**「本業を通して社会貢献をし，会社をとりまくステークホルダーと共存共栄をはかりながら，持続可能な社会の実現に貢献すること」** が重要な社会的責任と考える。法令順守，人権，労働条件，消費者保護，環境などに配慮して，企業が企業本来の存在意義に立ち返り，企業本来の行動をすることは，ある意味，「当たり前のことを当たり前にする」ということでもある。

企業評価に関して，最近聞く言葉に**「トリプルボトムライン」**というものがある。これは企業評価において，今までの「利益（経済）」ばかりでなく，「社会」と「環境」を加えた3つのモノサシで見ていこうとすることである。ここ数年，企業のこの動きはめざましく，環境に関する企業活動を報告する

「環境報告書」に加え，前述のトリプルボトムラインから企業の内容を説明しようと「CSR報告書」（またはそれに類する報告書）を発行する企業が増えている。金融機関についていえば，金融庁の監督指針において「企業の社会的責任（CSR）についての情報開示等」として評価項目に加えられている。

また，一連の企業不祥事を受け，米国では企業改革法（サーベンス・オクスリー法，SOX法）が2002年に成立した。日本もこれを受け，企業の内部統制の強化を目的として，「日本版企業改革法」の制定が検討されている。

企業をめぐる環境の変化

- 経済・環境の行き詰まり
  社会の持続可能性
  環境問題
  南北問題
- 価値観の変化
  競争性・効率性から
  社会性・人間性重視
- 企業評価の変化
  トリプルボトムライン
  （利益）（環境）
  （社会的責任）

(2) 金融改革とは

すでに述べたように，金融機関は長い間「護送船団方式」と呼ばれる中で，強い規制のもと，競争力の弱い金融機関でも経営が成り立つような政策が取られてきた。しかし，このために金融機関の競争力が低下し，バブル崩壊後，

金融機関の経営危機が頻発した。また，消費者に適正な金融サービスを提供することが危ぶまれる状況が憂慮されるようになった。

①金融ビッグバン

まず行われたのが「**金融ビッグバン**」である。「金融ビッグバン」とは，英国で行われた証券制度改革を見習い，1996年に日本政府が提唱した金融制度改革である。金融市場の規制を緩和・撤廃して，金融市場の活性化や国際化をはかろうとしたものである。

この規制緩和の主な内容は以下の通りである。
- 外為法の改正
- 銀行と証券，生保と損保の業務の相互参入
- 間接金融から直接金融へ

また，「フリー（自由）」「フェア（公正）」「グローバル（国際化）」を自由化の3原則とした。そしてこの3原則を守るには「情報開示」が大変重要な意味を持っている。

②金融改革プログラム

しかし，金融ビッグバン以降，日本の金融機関の状況は悪化し，現在は最悪期を脱したものの，国民の金融機関に対する不振は根強く，日本政府（金融庁）は2004年に「金融改革プログラム」を策定した。「金融サービス立国への挑戦」と副題されたこのプログラムの基本的考え方は以下の通りである。

- 金融システムの「安定」から「活力」を重視する金融行政への転換
- 「官」主導ではなく「民」の力で，いつでも，どこでも，誰でも，適正な価格で，良質で多様な商品アクセスできる金融システムの構築
- 「金融サービス立国」への5つの視点
  ⇨利用者ニーズの重視と利用者保護ルールの徹底
  ⇨ITの戦略的活用等による金融機関の競争力強化及び金融市場インフラの整備
  ⇨国際的に開かれた金融システムの構築と金融行政の国際化

⇨地域経済への貢献

⇨信頼される金融行政の確立

　なお，金融改革プログラムを受け，投資対象が多様化する中で，投資家保護の横断的なルールを定め，1400兆円といわれる個人金融資産を「貯蓄」から「投資」に向かわせる環境を作るために，株式や債券，金融先物など様々な金融商品を幅広くカバーする「投資サービス法（仮称）」の制定に向けた動きが始まっている。

　以下に金融ビッグバン以降，過去10年における金融機関の主な出来事と，そのキーワードを書いておく。

過去10年における金融機関の主な出来事

主な出来事	金融機関をめぐるキーワード
＜1995年＞ 大和銀行NY支店の損失発生と米国からの撤退命令 住宅金融専門会社処理の閣議決定	日本の金融機関の国際的な地位の低下
＜1996年＞ 東京三菱銀行発足 金融ビッグバン	不良債権問題（公的資金による救済）
＜1997年＞ 日産生命破綻 三洋証券破綻 北海道拓殖銀行破綻 山一證券破綻	生き残りのための合併 破綻・経営不振（金融機関神話の崩壊）
＜1998年＞ 米メリルリンチによる旧山一證券買収 東邦生命への米GEキャピタルの資本参加 金融持ち株会社解禁 大手銀行への公的資金注入 興銀，野村證券が個人向け資産運用業務で提携 金融監督庁発足（2000年に金融庁へ） 住友銀行，大和証券共同出資会社設立 日本長期信用銀行破綻	外資系金融機関の参入 持株会社による経営統合 金融内異業種間の提携 行政の転換，監督の強化 異業種からの参入

日本債券銀行の国有化（破綻） 金融再生委員会発足	金融IT革命（ネット銀行・ネット証券・保険の通販）
<1999年> 大手銀行への公的資金再注入 東邦生命破綻 さくら銀行、日本生命、介護、ネット銀行で提携 中央三井信託銀行発足 第一火災破綻 ライフ破綻 ペイオフ先送り 第百生命破綻 千代田生命破綻 協栄生命破綻	あらたな経営再生の始まり 金融機関の不祥事 政府系金融機関の民営化の動き
<2001年> 千代田生命、米AIG傘下 三井住友銀行発足 日本興亜損保発足 アイワイバンク銀行発足 ソニー銀行開業 三井住友海上発足 大成火災破綻	
<2002年> UFJ銀行発足（三和、東海銀行） 損保ジャパン発足（安田、日産、大成火災） 三井住友フィナンシャルグループ発足で、4大銀すべて持ち株会社に	
<2003年> りそな銀行、埼玉りそな発足、同国有化（破綻）	
<2004年> 明治安田生命発足 新生銀行（旧長銀）東証上場 T&Dホールディングス発足（太陽、大同生命） 米メリルリンチ在日支店、富裕者層への営業停止命令 UFJ銀行、検査忌避業務停止命令	

金融改革プログラム	
＜2005年＞	
みずほフィナンシャルと日興コーディアルの資本提携	
明治安田生命保険、保険金未払業務停止命令	
ペイオフ全面解禁	
三菱東京UFJフィナンシャルグループ発足	
郵政民営化法案の成立	
損害保険各社、保険金未払業務改善命令	

　次に，上記を，「金融機関の経営危機」「金融行政の転換」「金融機関の再編」「消費者サービスの変化」の観点から，銀行，証券，保険の業態別にまとめなおしてみた（○印は顕著な業態）。

業態別の金融をめぐる出来事

金融をめぐる出来事（キーワード）	銀行	証券	保険
＜金融機関の経営危機＞			
日本の金融機関の国際的な地位の低下	○	○	
不良債権問題（公的資金による救済）	○		
破綻・経営不振（金融機関神話の崩壊）	○	○	○
金融機関の不祥事	○	○	○
＜金融行政の転換＞			
金融ビッグバン	○	○	○
金融庁の発足	○	○	○
金融改革プログラム	○	○	○
＜金融機関の再編＞			
生き残りのための合併	○	○	○
外資系金融機関の参入	○	○	○
持株会社による経営統合	○	○	○
金融内異業種間の提携	○	○	○
異業種からの参入	○	○	○
政府系金融機関の民営化の動き	○	○	
＜消費者サービスの変化＞			
金融IT革命	○	○	○
新たな経営再生の始まり	○	○	○

業態にかかわらず同じような動きがあることがわかってもらえるだろう。

また，IT革命ばかりでなく，金融の再編が，消費者サービスに大きな影響を及ぼしている。

金融改革は，業態間の垣根を低くして総合的に消費者に対してより質の高い金融サービスを提供することが目的であった。読者はあらためてこのことを理解していただきたい。

(3)金融改革と銀行

金融ビッグバン以降の動きについて，金融業界全体が同じような動きで推移したことは前述の通りである。しかし，金融改革で最も影響を受けたのが銀行であろう。

①再編の波

再編は都市銀行が顕著である。金融持ち株会社形式となって，現在，かつての都市銀行は3メガバンクとして集約されることとなった。また，それに伴い系列の信託銀行も再編が行われた。地方銀行，信用金庫も例外ではない。

また，ソニー銀行，アイワイバンク銀行など異業種からの参入も行われた。

②経営戦略の変化

経営戦略も変化した。法人顧客（コーポレートバンキング）と個人顧客（リテールバンキング）に対する経営戦略がより明確にされるようになってきた。かつて銀行は平日だけ午後3時まで営業されていたのが常識であったが，東京スター銀行のように平日は午後7時まで，土日も営業しているという銀行が出現している。

また，地方銀行においては「リレーションシップバンキング」と称して，地域の再生・活性化に役立つ金融機関のあり方が模索されている。

③IT戦略

　読者はコンビニでお金の出し入れが出来ることを当たり前と思っているだろう。また，他の銀行でキャッシュカードが使えることも不思議と思っていないであろう。まさにこれはIT技術の進歩のおかげである。

　また，ネット銀行の進展も目覚ましい。インターネットを通して銀行決済をすることばかりでなく，いまや巨大マネー化したインターネットによる物品販売・オークションの資金決済機能として重要度が増している。従来の銀行がネット銀行を立ち上げるばかりでなく，異業種，特にIT関連企業からの参入が行われている。

④内部監査の強化

　銀行をはじめとする金融機関は対外的な変化ばかりでなく，内部変化も大きいといえる。その顕著な現れが，内部監査の強化である。規制緩和による金融機関の自主性の重視と信頼回復が望まれる中，セルフコントロール（ガバナンス）機能としての内部監査の重要度がますます増している。

　「金融検査マニュアル」の中では，金融機関のリスクとして①信用リスク②市場関連リスク③流動性リスク④事務リスク⑤システムリスクが明示されている。内部監査はこれらのリスクコントロールが的確になされているかを自主的にチェックするものである。自己責任の原則のもと，個々企業がリスクコントロールのために自主的に決めたルールが機能しているかを監査するものである。かならずしも今までのような不正に対する摘発型のようなものではない。

(4) 金融改革と証券
①再編の波

　再編は証券業界も同じである。業態を超えた提携，銀行系証券の合併などである。また，次に述べるネット証券に著しいが異業種からの参入も行われている。

②経営戦略の変化

　銀行と同じように，法人顧客と個人顧客に対する経営戦略がより明確にされるようになってきた。また，個人の顧客の中でも富裕層を中心に金融商品を販売する動きも活発である。

　特筆すべきは銀行・保険会社で「投資信託」を販売するようになったことである。かつて銀行では投資信託のようなリスク商品を扱うことがなかったが，銀行の信頼感を背景に売り上げは伸びている。この点は証券会社にとっては脅威となっている。

③IT戦略

　ネット証券の動きが顕著である。既存の証券会社はインターネットを通した株の売買を充実させるとともに，ネット専門の証券会社も出現した。この影響を受け，個人投資家の株式売買の動きが活発化した。かつては機関投資家の専門領域であったデイトレーダー（利益を得るために1日のうちで何回も株式の売買を繰り返す投資家）も今や個人のものとなっている。

④内部監査の強化

　銀行で述べたことと同じである。

⑤ファンド投資の活発化

　証券会社系の話題としてファンド投資の活発化があげられる。ファンド投資の参入者はかならずしも証券会社とは限らないが，株式投資という意味でここに記しておく。

　ファンド投資といっても多種多様であるが，「機関投資家などからお金を集め，特定の企業に影響力を持つために株を購入し，その影響力によって株式価値を上げて売却し，利益を得る投資形態」と思ってもらえばよい。米系のリップルウッド社が破綻した日本長期信用銀行を買い取り，新生銀行として再生させたことは有名である。また，最近では，IT系企業がマスコミを買収しようとして世間を騒がせたことは記憶に新しいが，その資金の一部をファンド投資が握っていた。

(5)金融改革と保険
①再編の波
　再編の波は保険会社も同じである。生損保ともに合併，持ち株会社の設立を行い，同業者間の経営統合・再編が進んでいる。また，生保，損保間においては子会社方式による相互参入は行われていたが，大手生損保の直接提携・持ち株会社による経営統合など，本格的な相互参入が進んでいる。

　また，破綻した生命保険会社のいくつかは外資のもと再生の道を歩み始めている。

②経営戦略の変化
　銀行・証券と同じように，法人顧客と個人顧客に対する経営戦略がより明確にされるようになってきた。法人に対してはブローカー制度のように一社専属の代理店から脱皮し，保険会社を問わず優良な保険を提供する動きも出てきている。個人顧客においても，ファイナンシャルプランナーの養成，代理店の大型化など，販売者の質の向上がはかられている。

　また，保険の自由化に伴い商品の多様化が進んでいる。各社工夫を凝らし特徴がある商品の開発に努力している。しかし，保険の担保内容があまりにも細分化され，商品に対する理解不足から，保険金支払における未払い問題なども発生している。

③IT戦略
　これも例外ではない。インターネットを通した保険の販売，また，各社の保険サービスを比較するサイトも現れている。

　保険の通信販売も進展している。異業種からの参入，既存の保険会社の子会社など経営形態は様々である。電話をするだけで保険料見積もりが簡便に行われ，加入が可能である。

　経営戦略の変化で述べたように，販売者のプロ化によるコンサルティング販売の強化と，通信販売のような顧客の自己判断による販売の進展と，保険の顧客は２極化していることが言えるかもしれない。

④内部監査の強化

　銀行・証券と同じである。

(6)金融サービス機関の評価

　ここであらためて，金融機関の役割を振り返ってみよう。金融機関は「お金が余っている人からお金を預かり，お金を必要とする人にお金を融通することを専門にする機関」である。個人にとっても企業にとってもお金は大切である。だから，金融機関に求められるのは，まず「信用」であろう。その次に，「利便性」や「サービス性」が求められるとこととなる。

　会社にはステークホルダーが存在し，様々な人や組織が関わっている。金融サービス機関の評価を考える上で，どのステークホルダーが何を求めているかが重要である。ここでは，「消費者」「行政」「投資家」の立場からの金融機関の評価について述べてみたい。

①消費者の評価

　金融機関にとって最も重要なステークホルダーは消費者である。この消費者からの評価を考える上で，まず参考となるのが，(財)経済広報センターが行った「生活者の"企業観"に関するアンケート（第7回・2004年）」である。その中で生活者が「企業が社会的に果たすように求められていること」で重要と考える5項目は以下の通りである。

1. 本業に徹する（優れた商品・サービスの提供などをより安く提供，安全・安心の確保）
2. 不足の事態が発生した際の的確な情報発信などの危機管理
3. 社会倫理に則った企業倫理の確立・順守
4. 企業の透明性と情報公開
5. 省資源・省エネや環境保護への取り組み

　なお，消費者の具体的な行動要因や改善要望は，静岡県消費者協会が行った「金融ビッグバンに関しての調査（1998年）」が参考になる。「金融機関を選ぶ基準」および「金融機関に対する改善の要望」の上位5項目は以下の通

りである。

＜金融機関を選ぶ基準＞
1．家や職場に近い（利便性）
2．安全性
3．昔からのつきあい
4．金利
5．商売上の取引

＜金融機関に対する改善の要望＞
1．待ち時間が長い
2．金利が低い
3．解約時使途を聞く
4．デメリットの説明がない
5．経営状態の開示が不十分

②行政の評価（金融庁の監督指針）

次に監督官庁はどのように金融機関を評価しているのであろうか。金融庁は金融機関の健全性を保つために定期的に「金融庁検査」を行っている。その監督指針が参考になる（「主要行向けの総合的な監督指針」(2005年)）。監督指針における監督上の評価項目は以下の通りである。

1．経営管理（ガバナンス）
2．財務の健全性等
 ・自己資本の充実
 ・収益性の改善
 ・リスク管理
3．業務の適正等
 ・法令遵守
 ・情報公開（ディスクロージャー）の適切性・十分性
 ・利用者保護のための情報提供・相談機能等
 ・利用者保護ルール等
 ・事務リスク，システムリスク　など

4．利用者ニーズに応じた多様で良質な金融商品・サービスの提供
　5．企業の社会的責任（CSR）についての情報開示等
　6．業務継続体制（BCM）

③投資家の評価

　金融機関が発行する株式，債券，投資信託の購入者が主な投資家となる。投資家といっても機関投資家ばかりではなく，個人投資家も含まれる。

　投資家の評価として最も参考になるのが「格付」である。「格付」についてはすでに「一歩進んで（P83）で述べているので，ここでは説明を省略する。

　なお，金融機関の情報は各社の「ディスクロージャー誌」，同ホームページ，格付け機関のホームページ，証券広報センター，国民生活センターなど入手可能である。

(7)金融サービス機関の破綻と消費者保護

①消費者の自己責任

金融機関の破綻を考える前に，ぜひ理解しておいて欲しいことは，金融改革の後，消費者の**「自己責任」**の時代に入ったことである。

　金融改革によって，消費者は金融サービスの向上（「選択肢の拡大」「手数料の引き下げ」「利便性の向上」）を得られることになった。一方，金融機関が自由競争に突入したことも意味している。当然，自由競争には勝ち負けが発生し，最悪の場合，金融機関が破綻するのである。また，金融商品には当然リスクが伴っている。

　消費者の自己責任とは，次の2つを意味することになる。
　1．金融機関のそのものの信用度に対する責任（信用リスク）
　2．金融商品が内包するさまざまなリスク（価格変動リスク・為替リスク・流動性リスク）に対する責任

②法律による金融商品の消費者保護

しかし，いくら自己責任といっても，一般的に金融商品はわかりづらく，また，専門性も高い。その意味において，以下の法律で消費者保護をはかっている。

1．金融商品の販売に関する法律（金融商品販売法）

金融商品の販売業者（金融機関）の説明不足などでトラブルが生じないことを目的として2001年に施行された法律である。

定められている主な内容は以下のとおりである。

（ア）　重要事項に関する説明義務

⇨金融商品販売業者は金融商品の販売において，その商品が持っているリスク等の重要事項について，消費者にきちんと説明を行わなければならない

（イ）　損害賠償の請求

⇨上記の重要事項の説明がなかったことによって，消費者が損害を被った場合，金融商品の販売業者に対して，損害賠償の請求が可能となった。

（ウ）　勧誘方針の公表

⇨金融商品販売業者はそれぞれが販売における勧誘方針を定めて公表しなければならない。

公表しなければいけない勧誘方針の内容

「消費者の知識，経験，財産の状況に照らして勧誘すること」

「勧誘の方法，場所，時間帯などを考慮して勧誘すること」

2．消費者契約法

金融商品販売法と同時に「消費者契約法」が施行された。消費者契約法は金融商品に限らず，すべての事業者と消費者との間で交わされる契約を対象としている。主に以下のような勧誘行為に対して，契約を取り消すことができることを定めている。

（ア）　事実と異なることを告げられ誤認した場合

（イ）　消費者を困惑させる行為があった場合

3．利息制限法・出資法

金融機関・貸金業者からお金を借りた場合，消費者が不当に高い金利を払わないように定めてある。

③金融商品別の保護の内容
1．銀行・信託銀行の破綻
（ア）　預金

　預金は「**預金保険制度**」によって保護されている。「預金保険制度」とは金融機関が保険料を出している預金保険機構によって，破綻した金融機関の預金支払いを守ろうとする保険制度である。

　今まで，預金は国によって全額保護されていた。しかし，2005年4月から，金融機関が破綻した場合，預金保険機構から預金者に直接保険金を支払うこととし，これに限度額を設けることとなった。これが「**ペイオフ解禁**」である。ペイオフ解禁は，まさに消費者の自己責任の象徴的な出来事でもある。その主な理由は①過去，金融機関の経営危機には公的資金が投入され，私企業の経営破たんに税金が使われることは好ましくなく，消費者の自己責任が求められるようになった。②自由競争化において，国による全額保護を続けた場合，金融機関が破綻を恐れず不当な高金利で顧客を勧誘する懸念あること，である。

（イ）　金銭信託・貸付信託

預金保険制度の概要

<対象となる金融機関> ・銀行（日本国内に本店があるもの） ・信用金庫、信用中央金庫 ・信用組合、全国信用協同組合連合会 ・労働金庫、労働金庫連合会	
預金等の分類	保護の内容
決済用預金 ・当座預金・利息のつかない普通預金など	全額保護
一般預金等 ・利息のつく普通預金・定期預金・定期積金・元本補てんのある金銭信託など	合算して元本1000万円までとその利息等を保護
その他 ・外貨預金・譲渡性預金・元本補てんのない金銭信託など	保護対象外

信託銀行で取り扱われる金銭信託・貸付信託は，信託法によって，金融機関自身の財産と分別管理することが義務付けられている。

　また，金銭信託・貸付信託のうち「元本補てん契約がある」信託は，「預金保険制度」による保護の対象となっている。

　なお，農協・漁協等が取り扱う貯金，郵便貯金についても同様な制度によって保護されている。

2．証券会社の破綻

（ア）　有価証券（債券・株式）

　読者が有価証券を買った場合，買った証券会社にそのまま預けておくのが通常である。証券会社が破綻しても，債券・株式の保有者としての権利を失うことはない。また，証券取引法によって，証券会社は自身財産と顧客の財産を分別保管することが義務付けられており，顧客資産はそのまま返還されることになる。

　なお，顧客資産の円滑な返還が困難な場合は「投資者保護基金」によって補償されることになる。

（イ）　投資信託

　有価証券と同じように，顧客の資産は分別保管が義務付けられている。

3．保険会社の破綻

　生命保険・損害保険ともに，保険契約者保護のために，保険会社が破綻した場合，**「保険契約者保護機構」**によって，他の保険会社や保険契約者保護機構に破綻保険会社の契約が引き継がれる。

　生命保険の場合は破綻時点の責任準備金（保険会社が将来の保険金等の支払いに備えて積み立てている積立金）の90％まで補償される。

　損害保険の場合，自賠責保険，家計地震保険は100％，自動車保険，火災保険（但し，個人・小規模事業者・マンション管理組合），傷害・疾病・介護に関する保険，海外旅行傷害保険は90％，保護されており，その他保険は保護対象外となっている。

4 これからの金融サービス機関のあり方

　前述の旧来型経営の行き詰まり，及び企業と金融サービス機関を取りまく環境の変化をかんがみると，今後，金融サービス機関はどのようなことを重要視して企業経営にのぞむべきであろうか。
　以下の通りであるが，詳しい内容はほかで述べているので，簡単な説明をつけておく。まとめのような形でとらえてもらえるとありがたい。
　「企業はいかにあるべきか？」の問いかけを，切り口を変えて列記していると思って欲しい。

(1) **情報開示の充実**
(2) **リスクマネジメントの強化**
(3) **企業の社会的責任の遂行**
(4) **コーポレートガバナンスの強化**

(1) 情報開示の充実

　金融機関から利害関係者への情報開示が，日本では非常に遅れている。情報開示の充実は利害関係者の合理的な投資行動，選択行動をより可能とするものでなければならない。情報開示にあたり，金融機関，特に保険会社が考慮すべき事項や視点について，個人が保険契約を締結する場合を想定し，以下，指摘してみよう。

① 　情報開示の目的は，既述したように合理的な投資行動，選択行動をより可能とするものでなければならず，個人の保険契約の場合を想定して，具体的にいえば，保険契約者の保険購買時の様々なリスク，不安事項を最小化させるための情報・説明とともに，保険加入による効用を最大化させるアドバイスの提供が主となる。

② 　情報開示は，顧客である企業と個々の契約者に対して行われるものである。契約者総数を考えれば，法人のみならず何千万人に及ぶ消費者への情

報開示の充実が重要である。開示コストは開示による契約者の効用及び保険会社への将来リターン，保険業界への信頼度向上を考えれば，業界あげて重要事項とすべきである。
③　開示されるべき情報内容は，既述の情報開示の目的を満たすものでなければならない。具体的には，契約者の保険契約に際しての落とし穴，注意点，考えられるリスク，免責事項，財務情報等に関する情報の説明が重要である。それと共に，保険加入による効用を最大化させるアドバイス情報が，顧客ニーズ，加入目的等を踏まえ，適切に行われなければならない。
④　情報開示の時期は，当然，契約前のみならず長期契約が多い生命保険では保険期間中におけるフォローも重要である。現在の契約後の約款送付や「契約のしおり」送付では，購買後の情報の送付であり，説明，理解させた上での加入というものではなく，開示効果は極めて低い。
⑤　保険商品別に想定されるリスクや必要なアドバイスが異なる。商品別のポイントをついた具体的な開示が望ましい。保険全般にわたる総論的な開示は，個々の保険契約によるリスクの最小化と効用の最大化という目的の達成度が低い。
⑥　契約前の保険種類別の情報開示量は，既述の開示目的にかかわる情報について，ポイントをついたものが望ましく，少なめに抑える等の工夫が重要である。
⑦　説明，開示された情報を契約者が理解できたかどうかの確認が極めて重要である。ただ一方的に情報を流しただけの開示は効果が低く，契約者利益を考慮していない。

　オーストラリアの生保業界では，以前から開示されたアドバイス情報他とその契約者理解の確認が文書化されて開示されている。

　わが国の保険制度や保険業界への信頼を向上させるためにも，また契約者利益を向上させるためにも，情報開示の充実が極めて重要である。

(2)リスクマネジメントの強化

　リスクマネジメント力をあげるには，次のようないくつかの考慮事項があ

る。第4章でその一部を述べたが，ここではそれらを踏まえながら，これからのリスクマネジメント実施時の重要な視点を述べる。
① 企業理念や企業目標とリスクマネジメント目標とが連動されているか，またそれらについて，経営者と社員とが共通の理解をしているのかという点での企業内のコンセンサスが重要である。リスクマネジメントは特定の担当者だけの仕事ではなく，責任ある思考を全員が持てるかどうかが重要である。こうした作業を通じ，企業が強いリスク文化やリスクマネジメント文化をつくり上げることが重要であり，コンプライアンスを強化するだけでは片手落ちである。
② 企業は誰のためにあるのかという視点から，リスクを考慮しなければならない。企業は明らかに，企業の利害関係者のためにあり，多くの利害関係者が社会を構成し市場を構成している。利害関係者が誰であり，彼らはどういうリスクに直面しているのかという分析が重要である。
③ 企業価値の最適化に，いかにリスクマネジメントが貢献するかという視点が重要である。近年は企業の無形価値の重要性が高まっている。企業評判，ブランド，人材，知的資産，知的財産などに関するチャンスとリスクの管理である。無形価値に影響を与える要因を踏まえたリスクマネジメントの重要性が高まっている。
④ 様々なリスクを横断的，統合的に管理する視点が重要である，各部署の固有のリスクが企業価値全体に影響を与える。利害関係者の価値を踏まえながら，企業価値視点から，リスクの優先順位付けを行い，部署間のリスクを横断的に管理する必要がある。
⑤ 企業の関連リスク及びその管理の仕方，管理プロセス等の利害関係者への開示が極めて重要である。こうしたリスク情報の開示は法に要請されて行うという低レベルの段階から，企業が利害関係者のために自主的に行うという高レベルまで考えられるが，後者の企業が社会から信頼を得て，最終的に発展することはいうまでもない。
⑥ 危機発生時の事業中断が企業価値に与える影響が極めて大きい。こうした場合の対応計画をリスク視点から備えておくことも重要である。特に自然災害が企業，地域，社会に与える損失は一企業だけの問題ではないこと

がある。事業の継続性をリスクマネジメント視点から考慮し，企業のみならず地域や社会の復興に貢献することが，社会に貢献できる持続可能な企業になる。

(3)企業の社会的責任の遂行

次は「企業の社会的責任の遂行」である。

企業は社会の一員である。前述の通り，企業の社会責任とはなにも特別なことではない。企業はその存在そのものにすでに社会的意義を有している。すでに述べたように「**企業の社会的責任**」とは「**本業を通して社会貢献をし，会社をとりまくステークホルダーと共存共栄をはかりながら，持続可能な社会の実現に貢献すること**」というのが筆者の考えである。

ここで，「ノブレス・オブリージュ（Noblesse Oblige）」という言葉を知っておいて欲しい。日本語にすると「高貴なるものの義務」という意味である。すなわち，高貴なるものは「積極的に社会問題の解決や社会の発展に寄与すべきである」という考え方である。日本は世界で第2位のGDPの国である。また，企業の影響力の大きさはすでに述べたところである。そのような立場にある，日本国民，日本企業はおのずと自らの振る舞いを考えなければならない。筆者は企業の社会的責任の基本には，この「ノブレス・オブリージュ」が大切であると考えている。

企業は機械ではない。人が営む組織である。企業は人間的であって当然である。むしろ良い意味で，人間的であるべきである。個人も企業も同じである。社会の一員であれば，環境問題に気を使うであろう。地域とうまくやっていこうと思うであろう。法令を遵守しようとするのは当然である。困っている人がいたら助けるであろう。このような当たり前のことを，組織として継続していくことになる。

(4)コーポレートガバナンスの強化

会社は多くの利害関係者のためにある。その中には消費者，社員，株主，

サプライチエーン，代理店，金融機関他が含まれ，会社経営が彼らの意向，期待に沿った形でできているかどうかを，会社自身が利害関係者に代わって常に管理し，彼らに正しく，正直に伝えなければならない。こうした管理はリスクマネジメントと深くかかわるが，こうした管理が正しく行われない企業は，企業として社会には好影響を与えず，存在価値がない。こうした側面の強化がコーポレートガバナンスの強化にほかならない。

　最近，日本の企業で多くの事件，不祥事他が絶えない。利害関係者の期待を踏まえた，企業理念，企業使命，リスクマネジメント，情報開示，法令順守，リスク・コミュニケーションが望まれる。アメリカにおいても多くの不祥事，事件の後，企業の内部統制強化のため，たとえば「Enterprise Risk Management-Integrated Framework」が2004年に公表されている。そこではリスクマネジメント力強化による内部統制及び企業統治強化の視点が強く出ている。
※リスク文化，リスクマネジメント文化と企業価値最適化との関係については，上田和勇『専修ビジネスレビュー』2006年第1巻を，リスクマネジメントについては，上田『企業価値創造型リスクマネジメント』第3版，白桃書房，2006年を参照願いたい。

　以上，これからの企業経営において重要なことを記述した。これらは切り口が異なっているだけで，根本に有るのは「企業はいかにあるべきか？」という問いかけである。
「情報開示は」企業内容を広く知らしめることによって，企業経営評価の判断材料になる基礎情報を，株主他，ステークホルダーに知らしめることである。「隠しごとなく正々堂々と企業経営をすべきである」という問いかけである。
　「リスクマネジメント」は「不測の事態を避け，企業の継続性を維持し，ビジネスチャンスをどこに求めるか」の問いかけである。
　「企業の社会責任の遂行」は企業評価の新しいモノサシである「社会の一員としていかに振る舞うか」の問いかけである。
　そして，「コーポレートガバナンス」は「株主からの企業のあるべき姿，進

むべき方向」の問いかけである。

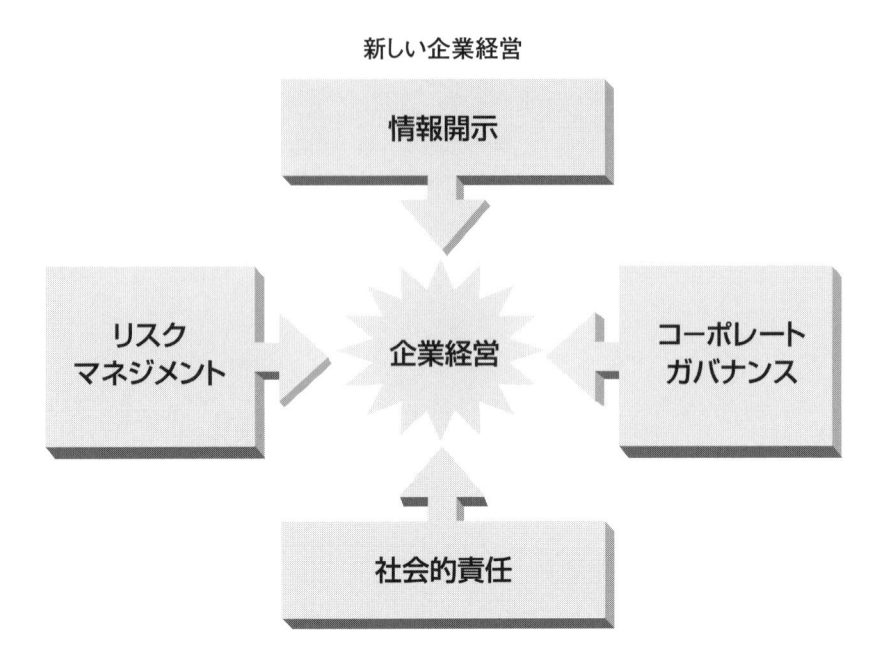

新しい企業経営

```
              情報開示
                 ↓
リスクマネジメント → 企業経営 ← コーポレートガバナンス
                 ↑
              社会的責任
```

一歩進んで!

デリバティブ

　デリバティブ（Derivatives）とは，原資産（債券，株式，為替など）の一定条件のもとに新たに作成された証券や契約をいう。派生商品（金融派生商品）と訳されている。

　デリバティブの意味を理解するには，その起源を知ることがわかりやすい。

　デリバティブの起源は穀物取引の先物取引にあるといわれ，古くは古代ギリシャ，日本でも江戸時代にはすでに米取引に使われていた。今でも，穀物取引が盛んなアメリカの中西部においてはシカゴを中心に大きな市場が形成されている。先物取引とは「①ある特定の資産（原資産）を，②将来のある時点（受渡日）で，③現時点で約定した価格で，受け渡しする取引」ことである。

　穀物は一定の時期に収穫され，また，天候によって収穫量は一定しない。よって，穀物取引は一定の時期に集中し，しかも出来不出来によって価格の変動が激しくなる。これでは穀物取引をしようとするものはリスクが高くなかなか取引に参加できない。よって，前述のように，穀物の収穫が将来であっても，あらかじめ先物取引を用いて穀物を多方面と取引すれば，比較的リスクを低くして取引に参加することができる。すなわち，取引の「ヘッジ」として先物取引は機能することになる。

　このようにもともとは穀物のように季節変動が激しい現物資産取引の安定をはかるために派生したものが金融の世界に応用されることとなった。

以下，代表的なデリバティブを説明したい。

(1) 主なデリバティブ
①先物取引
すでに述べたように，先物取引（futures）とは，①ある特定の資産（原資産）を，②将来のある時点（受渡日）で，③現時点で約定した価格で，受け渡しする取引である。これは，契約形態だけをみればこれは二者間でおこなわれる先渡し契約と同じである。しかし，先物取引は有価証券と同じように市場を通して第三者に売買することができる。

②オプション
オプション（option）とは，①ある特定の資産（原資産）を，②将来のある時点（消滅日）またはそれ以前に，③現時点で約定した価格（行使価格）で，買う権利（コール，call）または売る権利（プット，put）のことである。消滅日まで権利を行使できないものをヨーロピアンと呼び，消滅日までであればいつでも権利を行使できるものをアメリカンと呼ぶ。

将来の取引を現時点で行うという意味では，先物取引と同じである。しかし，先物取引は受渡日において両方が受け渡し取引を行わなければならないのに対して，オプションは「売買する権利」が取引されるのであり，権利行使をするか否かはオプションの保有者の判断による。

③スワップ
スワップ（swap）とは，お互いが等しい経済価値と認めた金融資産を交換する取引を言う。具体的には固定金利商品と変動金利商品を交換する金利スワップ，円と外国通貨を交換する為替スワップなどがある。

デリバティブの例

<先物取引>	<オプション取引>	<スワップ取引>
TOPIX先物	通貨オプション	金利スワップ
日経平均株価先物	債券オプション	通貨スワップ
債券先物	金利オプション	
金利先物		
通貨先物		

(2) デリバティブの機能

　デリバティブは派生商品であり，原資産から容易にあらたな取引をつくることができる。また，複数のデリバティブを組み合わせることにより多様な取引が可能になる。これは様々なニーズをもった市場参加者にこたえることになり，その意味において市場の安定に役立っているといえる。デリバティブはこのように利便性・多様性をもたらすが，主な機能としては次の2点である。

① ヘッジ

　ヘッジ（hedge）とはリスクを回避する手段であり，デリバティブはマーケットリスクを回避するために使われている。デリバティブの起源は穀物取引のヘッジ（hedge）機能にあることはすでに述べたとおりである。

　例えば，ある投資家が現在価格100万円の債券を有しており，3か月後を受渡日とするその債券の先物価格が105万円であったとする。投資家が現時点で，105万円で債券先物を売ったとしよう。実際，3か月後の債券価格は110万円になっているかもわからないし90万円になっているかもわからない。しかし，3か月後に自分が持っている債券を決済にあてれば3か月間の価格変動に関係なく5万円の利益が確定することになる。

②スペキュレーション

　スペキュレーション（speculation）とは，投機取引のことであり，純粋にデリバティブ価格の値上がり値下がりを見込んで利益を得ようとする取引である。

　例えば，現在価格100万円の債券があり，3か月後，その債券を行使価格100万円で買うことができるコールオプションが5万円であったとする。ある投資家が現時点で，5万円でその債券のコールオプションを買ったとしよう。3か月後，債券価格は110万円となったとする。その時に，コールオプションを持っている投資家はそのオプションを行使し，100万円で債券を購入し，直ちに市場にて110万円で売却すれば5万円（＝債券の売却利益10万円－コールオプション5万円）の利益を得ることができる。投資家は5万円だけの元本で5万円利益を得たことになり，わずか3か月で投資額を2倍にしたことになる。このように少ない投資額で大きな取引ができることを「レバレッジ効果」といい，デリバティブがスペキュレーションに使われる理由である。

一歩進んで!

社会的責任投資

　「社会的責任投資（Socially Responsible Investment, SRI）」とは，「投資を行う際に，その収益性・効率性ばかりでなく，倫理性・社会性を考慮して投資をすること」をいう。「企業の社会的責任（CSR）に優れた企業に積極的投資すること」と思ってもらって良い。

　重要なことは，社会的責任投資を推進する人々は，単に倫理性・社会性を追求するばかりでなく，同時に収益性も追求していることだ。「社会的責任投資の方が儲かる」という信念と思ってもらって良い。世の中のためになる行動をとり続ける企業は，たとえその行動が目先の利益に結びつかなくても，最後には社会からの支持を得て，利益に結びつくという考えである。

　欧米ではすでに株式投資において社会的責任投資のインデックスができており，そのインデックスは通常の株式インデックスよりもパフォーマンスが良い結果となっている。

　イソップ物語の「北風と太陽」を思い出して欲しい，旅人のコートを脱がすために，北風と太陽が競争する話である。今までの企業は北風タイプであった。無理があったり，他者を犠牲にしても，利益追求のために直接的な行動を重視した。しかし，これは結局長続きしないのである。太陽のような企業，すなわち，旅人を心地よくさせ，最終的に北風に勝つ企業が重要なのである。

　では，社会的責任投資において，「倫理性・社会性を考慮する」といっても，具体的に企業のどのようなことを評価するのであろうか。

　実は投資家の数だけ社会的責任投資の評価基準は存在するといって過言では

ない。
　倫理性・社会性の基準・優先順位というものは人の価値観・おかれた環境によって様々であり，むしろ一つの価値観を投資行動によって押し付ける方が危険である。
　以下は，米国において一般的な評価基準の一例である。
　①反社会的と思われる事業へのかかわり（たばこ，ギャンブル，アルコール，軍事）
　②環境問題への取り組み
　③人権（人種差別，女性保護）
　④労働条件
　⑤動物保護
　⑥社会貢献活動への寄付

　この社会的責任投資は，日本に比べ欧米の方がはるかに普及している。歴史的な背景，政府の施策など普及の差には様々な原因が有る。中でも，企業評価のモノサシが変化したことによることが大きい。
　アメリカは社会的責任投資の発祥の地と言われている。宗教団体が自分達の資金運用において，宗教的な理由から投資先の選別を行ったのが始まりと言われている。
　今の社会的責任投資を推進しているのは市民運動である。NPO，NGOの活動も盛んであり，彼らは社会的使命を持って活動を続けている。その社会的使命の達成のために企業を自ら評価し，それを投資行動に結び付けているわけである。
　もともとアメリカは「世界一資本主義が発達した国」であり，「儲けのみを追求する企業文化」も強い国である。その文化に対する抑止力として発達したとも言える。

欧州，特にイギリスは政府主導である。EUとして統合した中には「企業の活性化からEU経済を発展させる」という考えがあり，その企業を良い方向へ導くために，企業の社会責任を求めていくという考えだ。

イギリスは2000年7月「企業の社会責任担当大臣」というポストを設けた。また，公的年金に対しても「社会的責任投資をしたら情報開示をする」ように義務づけている。

　日本の場合，社会的責任投資は普及しているとは言い難い。いくつかの会社で環境に貢献する会社に投資する「エコファンド」やその他いくつかの「SRIファンド」が設定されているが，普及はこれからであろう。

　社会的責任投資は機関投資家に限らず，個人投資家が自らの意思で投資を行わなければ真の普及とは言えない。

　ここで，社会的責任投資と金融機関の役割との関係に言及しておきたい。金融機関の仕事の根幹は，お金が余っている人からお金を預かり，お金を必要とする人にお金を融通することにある。しかし，お金を借りた人が，お金を返せなくなるリスクがあるので，金融機関はお金を借りる人を選別し，信用がおける人にしかお金を貸さない。

　お金を借りる目的が，新規事業の立ち上げであれば，その事業の将来性や成功確率を分析・検討しお金を出すかどうか決定するわけである。お金の集め方が株式の発行であっても同じことをして株式投資をするか否かを決定する。

　金融機関は，投融資のプロとして，お金の出し手として，反社会的な企業への投融資は避けるであろうし，その事業が，社会に受け入れられ，社会を発展させるものであればおのずと，収益性が高くなり，投融資の対象とするであろう。その可否を見極めるのが金融機関の役割なのだ。

　そう考えると，社会的責任投資とは，欧米から入ってきた全く新しい概念ではなく，金融機関が本来業務として潜在的に行っていたことを，顕在化させることにすぎないのに気がつくであろう。まさに，金融機関の存在意義そのもの

が，金融を通して世の中を豊かにすることに他ならない。

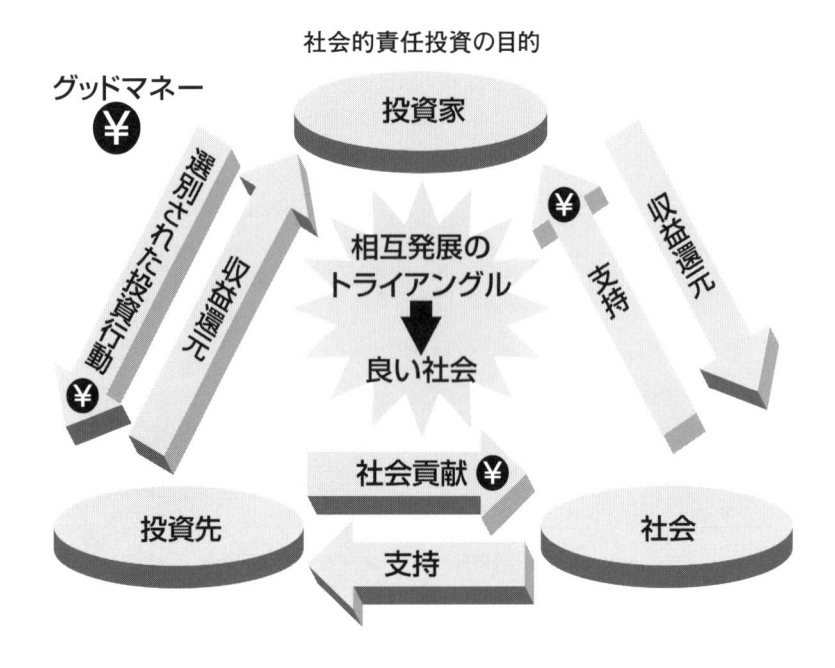

社会的責任投資の目的

- 投資家
- グッドマネー ¥
- 選別された投資行動
- 収益還元
- ¥
- 支持
- 収益還元
- 相互発展のトライアングル → 良い社会
- 投資先
- 社会貢献 ¥
- 支持
- 社会

162

一歩進んで！

会社人間の集団無責任構造

　筆者は仕事柄，破綻した金融機関に勤務されていた方々にお目にかかる機会が多い。破綻前からのお付き合いもあれば，転職された方，独立された方様々である。
　その中で感じることが2つある。
　まずは，破綻した金融機関に勤務されていた方々は，皆さん「優秀である」ということである。仕事に対する取り組みも真摯であり，情熱もある。業務知識・能力ともに卓越している。また，学歴面でもいわゆる難関校出身であり，海外留学でMBAなどの学位をお持ちの方もめずらしくない。世界的に通用される方々ばかりだ。
　次に，興味深いのは，「破綻の加害者がいない」ということである。これは本人と破綻の因果関係を明らかにしたのではなく，あくまで主観の話である。破綻された金融機関出身の方は，誰も「自分が悪くて自分の会社を破綻に導いた」と思っていないことである。出身会社の破綻の話になると，「僕はおかしいと思っていたけど，会社はどうしようもないところに追い込まれていた」と，あくまで，「会社破綻の被害者」として，他人事のように，淡々と語られる方が多い。
　もちろん，破綻の責任は当時の経営者にあるのも事実であろう，しかし，私がお目にかかった人々は経営者には至っていなくても，それぞれの現場の責任者として活躍されていた方も多く，その現場，現場で破綻への序奏を奏でていたのは事実であり，全く無関係とは思えないのである。
　「優秀な人々」＋「破綻の加害者がいない」＝企業の破綻

この方程式が，まさに「会社人間の集団無責任構造」である。個人は優秀であり，人間としても誠実である。しかし，会社としての集団になったとたん，企業が破綻に向かったり，また，企業破綻の原因である社会倫理に反するような行為を行ってしまうのである。

　「個人が優秀であっても集団になるとワークしない」ということは何も会社に限ったことではなく，組織と呼ばれる人間集団には常に内包することであろう。かつて世間を騒がせた「警察の不祥事」も好例であろうし，最近では「外務省不祥事」も記憶に新しい。歴史家に言わせれば，第2次世界大戦における軍部の暴走も同じと指摘する人もいる。

　なぜ，人は「集団になると無責任」になるのであろうか。

(1) 集団無責任の原因
① 会社の論理の優先

　まずは「会社の論理の優先」であろう。

　組織の秩序を維持し，集団として目的に向かうためには，集団の一員は集団の論理に従わなければならない。伝統芸能の世界はその典型的な例とも言える。会社でも同じである。これが「会社の論理」である。会社独自のルールであったり，会社独自のものの考え方である。

　現実に会社員に求められるのは「会社の論理に対する盲目的な服従」である。日本の労働市場は流動性が低く，新入社員から転職をすることもなく「OJT」(On the Job Trainingの略，仕事を通して勤労者の能力を高めるという能力の向上方法)で鍛えられていく。自分の価値観があまり確立していない若者が，そこで求められるのが「会社の論理に対する盲目的な服従」なのである。会社論理の実践を，会社に対する忠誠心と評価することも多い。

　会社は生きものである。常に時代とともに変化しなければならない。当然，会社の論理も変化すべきである。しかし，「会社の論理に対する盲目的な服従」

を教育されてきた人々は，集団の中に埋没し世の中を見ることができない。その会社の論理が世の中とずれていようと，倫理的に反社会的であっても気がつくことができないのである。

会社員は会社員である前に一個人としての「人」であるはずである。人としておかしいことは会社としておかしいはずである。しかし，暗黙のうちに，個人の論理と会社の論理は違うものとして，黙々と会社の論理に従うのである。

会社の存在意義はステークホルダーへの貢献であるはずである。実際，殆どの会社はその企業理念に「社会貢献」や「顧客第一主義」をあげている。しかし，現実の行動は，社会や顧客を抜きにして，会社の論理を優先させていることが往々にして発生するのである。

例えば，バブル経済の中，銀行は土地と株を担保にどんどん貸し出しを行った。今の不良債権問題と金融不安の元凶である。新規事業を地道に精査してお金を出すよりも，担保があるところへ金を出し，その担保がバブルで膨らむ方が手っ取り早くお金が儲かったからである。善良な銀行員はこれが「金融機関本来の仕事ではない」と気がついていたはずであろう。しかし，「利益・シェアを優先させ他社に負けない」または「他社がやっている横並び主義」という会社の論理が優先させられ，そのうちのいくつかの金融機関は破綻したのである。

②集団意思決定の偏重

次は「集団意思決定の偏重」である。意思決定における「会社の理論の優先」とも言える。

会社の意思決定は，縦ラインでも横ラインでも集団意思決定を行うのが普通である。縦ラインは権限のラインであり，現場からはじまり，部門の責任者，担当役員，社長に至る。一方横ラインとはいわゆる関係各部署のことである。

集団意思決定には「根回し」と呼ばれるものがセットとなっている。すなわち，会議体で決定されるべき事項は「事前の個別説明および内諾」によって実質的に意思決定がなされるのである。この公ではない場で，本来の提案は変化

し，実際の会議体は形骸化し，実際には何も有効な論議がなされないのである。

　一般的に，現場が最も実務に精通しており，問題意識も高い。しかし，縦ラインでも横ラインでも現場から離れれば離れるほど，問題に対する意識は抽象度を高め，保守的になるといえる。すなわち，現場からの新規提案や改革案は，現場から遠い人々によって骨抜きされるのである。曰く「前例が無い」「今更波風を立てるなよ」「理想と現実は異なる」などである。

　現場は自分達の理想とする，鮮烈な原色を使って絵を描くのであるが，縦や横の修正が入ることになり，少しずつ原色は他の色と混ざり，いったい何色なのかわからなく変色する。

　最後に現場は，意思決定の摩擦を避けようと，始めから中間色で絵を描くことになる。

　すなわち，「本来の目的のための企画」ではなく，「会社内で容認されやすい企画」が横行するようになるのである。

③職場の人間関係の恐怖感

　次は「職場の人間関係の恐怖感」である。

　人として社会に生きる以上，人間関係は重要であり，それに気を使い，周りとうまくやっていこうとすることは当然である。

　しかし，サラリーマンのストレスの70％が職場の人間関係にあると言われており，会社内においては「職場の人間関係」が通常よりも大きなウエイトを占めるようになる。常に閉鎖された環境の中，「職場の人間関係」を損ねることに異常な恐怖を感じるようになる。「職場の人間関係」ばかりにエネルギーを使ってしまい，本来業務にエネルギーが回らなくなるのである。

　特に気になるのが上司との関係である。労働の流動性が低く，転職がままならない日本の会社において，自己を評価し，自分のサラリーマン人生における将来を左右する，上司の存在は大変大きなものとして映る。だから，上司の機嫌を損ねること無く，意に添うように意見を調整したり，上司に通らない提案

はあらかじめ出さない方が身のためだと考える。

　上司のことばかり気にするサラリーマンのことを揶揄して「平目」という。上ばかり見ていて，上から餌が落ちてくるのを待っているからである。本来は「鰤」が出世魚の代表である。地方によって名称がことなるようだが，ワカシ→イナダ→ワラサ→ブリと名前を変え大きく成長するからである。しかし，サラリーマンにおいては「平目」が出世魚の代表である。

　この「職場の人間関係の恐怖感」は職場を離れても続く，お中元・お歳暮といった上司への付け届け，勤務後の飲食や休日のゴルフ，と言った本来仕事とは関係が無い職場の人間関係が重要視され，場合によっては強制されるのである。

(2) 集団無責任にならないために

　では，「会社人間の無責任構造」に陥らないようにするにはどうしたら良いのであろうか。筆者も長いことサラリーマンをしており，サラリーマンがこの「会社人間の無責任構造」になってしまうのは無理が無いことを解っているつもりである。筆者の自戒を含めて述べてみたい。

①仕事の原点を常に考える

　まずは「仕事の原点」に立ち返ることである。

　大きくは「会社の存在意義」「企業理念」になるだろうし，個々の「仕事の目的」や個人個人の「自分の存在理由」と言っても良い。

　とりあえず，「会社の理論」も「意思決定にかかわる上司や関連部署の意向」も後回しにして，「なぜこの仕事を行うか」を考え，「その目的のために必要なことはなにか」を考えることであろう。それに向かって素直に行動を起こす努力をすることであろう。

　集団においては自分の意志が通らないのが通常である。だから，仕事の原点においてはなるだけ理想から出発すべきである。ほっておいても周りが現実に

戻してくれる。

　例えば，顧客第一主義が企業理念であれば，お客様のためになる方法を最優先させれば良い。さすれば自分の取るべき行動が自ずと決まってくるであろう。

②個人としての専門能力を高める

　次は「自分の専門能力を高める」ことである。

　仕事の根本は個人の能力にある。サラリーマンとして求められてきた「根回し能力」や「人間関係力」はあくまで自分の意志を通すための方法論に過ぎない。いくら「根回し」や「人間関係」に長けていても根本の個人の能力が無ければなにもならない。根本の能力である「自分の専門能力」をしっかり磨くことが大切であり，結局は自分の意志を通し良い仕事を行う最も近い方法と考える。

③「人」として考える

　次は，「人として仕事の判断を常に考えるべき」である。「会社の行動・判断」を「人」として評価することである。「何が世の中の常識か」を考えることでもある。

　「会社の論理」は往々にして世の中からずれているものである。自分の常識（会社の常識）は世の中の非常識ぐらい思っていた方が良いかもしれない。会社人間は1日中会社の人と付合い，会社業務に関することばかりに時間を費やしている。そのうちに「会社の論理」が絶対の価値となってくる。だから，「会社の論理」を信じた優秀な人々が会社を破綻させたのである。

　「人」として正しい判断をくだすためには，人としての価値観・常識を常に鍛えなければならない。会社人間から脱却し，多方面に関心を持つことだ。会社や業務関連以外の人との人事交流や勉強会への参加，読書などに努め，意識して会社とは異なる価値観や考え方に触れておくことが大切である。

　筆者がかつてニューヨークにいた時に，ウオール・ストーリートに勤める若きエリート達は，アフター5と休日に勉強し自分のキャリアを磨いていた。ア

フターファイブは飲み会などで職場の人間関係に注力し，ますます会社にのめり込んで行く日本のサラリーマンとの違いに驚くとともに，彼らの行動が今から見ても正しいと思っている。

④無理に好かれようとしない

　最後は「無理して人に好かれようとしない」ことである。「孤高を楽しむ」と言っても良い。

　筆者は何も変人になれと言っているのではない。もちろん集団の中で孤高を楽しむことは実に難しいことも知っている。

　しかし，無理して人に好かれようとすることは，安易に妥協することを意味している。自分の考えが正しいと信ずるならば，たとえ相手が上司であっても安易な妥協をせず，ベストな答えを引き出すまで正々堂々と議論をすれば良い。

　それが自分が良い仕事をするための唯一無二の方法である。

　ポートフォリオ効果を思い出して欲しい。組織にはたとえ永久にお互いの意見が異なっていても，いろんな人間がいた方が，組織として強いのである。

無責任構造の方程式

？

優秀な人々　＋　破綻の加害者がいない　＝　企業の破綻

－あとがき－

　まずは，この本を手にとっていただき，読了していただいた読者諸賢に厚くお礼を申し上げたい。
　筆者は保険会社に勤める，普通のサラリーマンである。どこにでもいる「おやじ」にすぎない。だから，このような本を書き，読者諸賢に，偉そうにものを伝える資格も実力もないのである。しかし，このたび編著者である専修大学上田教授のご協力があり，僭越にも本書を執筆させていただいた。
　筆者はずっと金融の世界で生きてきた。長く勤めていると，それなりに経験を積み知識も溜まるものである。日頃矛盾に感じることや苦労も多い。そんな中で読者に伝えたいことを書かせていただいた。
　「普通のサラリーマンおやじの後輩へのメッセージ」と思ってもらえれば幸いである。
　筆者のサラリーマン生活の中で，強烈に会社に感謝したことがある。それは筆者が英国に駐在していた時のことである。
　当時筆者は勤務先の英国子会社の責任者であり，業務は，欧州の株や債券で資産運用を行っていた。オフィスはロンドンのシティーという金融街にあった。地下鉄のバンク駅（といってもこれは銀行という意味でなく「土手」という意味だそうだが）のそばにあり，筆者のオフィスの交差点の向こうには，英国の中央銀行であるバンク・オブ・イングランドがそびえていた。まさに，金融の中心中の中心といってもよいところであった。
　自宅はロンドン南部にあるサリー州のエプソムという街にあった。サリー州は最近人気のハリーポッターが育ったと設定されているところである。また，エプソムには競馬場があり，ダービーが行われることで有名である。競馬場があるといってもレースは年間数レースしかなく，ダービーがある時街がにぎわうだけであり，普段はまったく静かな住宅街である。ロンドンの人はこの辺を含めた南部の住宅街を「ストック・ブローカーズ・ベルト」と呼んでいる。ある種のあこがれを込めて，「シティーの金融機関に勤める人々が住む閑静な住宅街」という意味である。

ストック・ブローカーズ・ベルトに住み，ダークスーツに身を固め，フィナンシャルタイムスを片手に，ブリティッシュ・レイルウェーでシティーへ通う。筆者は典型的な金融マンであった。

　1996年の年明けであった。この本の編著者である専修大学上田教授が英国での研究を終えられ，更なる研究のためにオーストラリアへ旅立たれた直後であることを覚えている。

　その日，私は，エプソムの町役場にいた。地域のボランティア活動を紹介してもらうためである。家族が英国の生活にも慣れ，時間的に余裕ができたので，ボランティア活動でもして少しでも英国にご恩返しをしようと思ったのである。

　約束の時間よりも早く着いてしまい，町役場内の長椅子に腰をかけていた。たまたま，その場所が，「人権問題に関するカウンセリングルーム」の真ん前であり，部屋の前には「人種差別を受けたら相談に来てください」とか「人種を理由にした雇用差別はいけません」といった，ポスターが貼ってあった。その時目に入ったのは，部屋の前に元気なくたたずむ１人の女性の姿であった。人種的には中東から来た人であろう，うつろな目で青い顔をしている。悲しみと不安で呆然としているようである。不当解雇にあったのかもしれない。それとも人種差別で大きな問題を抱えているのであろうか。いずれにせよ，カウンセリングの順番待ちをしているのは明らかである。

　筆者はその時，会社に入って初めて，強烈に「会社と日本に感謝する感情」が込み上げた。英国の中でもロンドンは国際都市である。しかし，白人社会であることも事実であり，何もバックグランドも持たない移民のしかも非白人は，彼女のように人種差別で不当解雇されても何らおかしくない。解雇の前に就労さえままならないのだ。

　もちろん筆者に特別な能力があるわけではない。差別の対象になりやすい黄色人種であり，筆者が彼女の立場になってもまったくおかしくないのである。しかし自分は安定した職業があり収入も安定している。家族も安心して暮らしている。住居も悪くない。おまけに，余裕があるからボランティアをしようとしている。この違いはひとえに，会社が自分を守ってくれ，その会社を日本国が支えてくれているからである。本当にありがたいことである。

あとがき

会社とはこのように個人の幸せを守ってくれる存在である。しかし，会社が人を不幸にしている話題に事欠かない。何かが違っているのではないだろうか。
　仕事柄，筆者にとって，会社とは金融機関と同義である。筆者が金融と会社をテーマにして本書を書いたのも，このような自己の経験が大きく影響している。

　本書を執筆するにあたり，多くの方々にお世話になった。
　繰り返しになるが，編著者であり執筆者の1人でもある上田和勇先生がいなければ，筆者のような能力もない人間が本を執筆させていただくことはできなかった。また，先生には何度も原稿に目を通していただき貴重なアドバイスをいただいた。特に第4章のリスクマネジメントは骨子をすべて上田先生に構成してもらっている。また，先生の教え子の皆さんにもご協力をいただいた。
　白桃書房の大矢栄一郎社長にもお世話になった。素人の筆を粘り強く校正していただいた。
　また，本書の企画の段階から，協力してくれた会社の同僚である，鈴木良直，古川雅彦，山岸徳人，筒井誠の諸氏に感謝したい。彼らは筆者よりもはるかに優秀な金融マンであり，適切なアドバイスをいただいた。
　その他ご協力いただいた多くの知人・友人にお礼を申し上げたい。
　最後に，日頃，一番辛口の意見をいいながらも筆者を長年にわたって支えてくれている妻直子に感謝をささげたい。
　繰り返しになるが，本書はサラリーマンおやじからのメッセージであり，本書をきっかけに読者諸賢がさらなる勉強に励んでいただき，少しでも豊かな人生を送っていただければ無上の喜びである。
　読者諸賢の発展を心からお祈り申し上げる。

2006年3月

横浜の自宅にて

岩坂健志

【参考文献】

　参考文献は複数の章にわたり関係するものがあるが，最も関係が深いと思われるところへ列挙した。特に会社の基本的な記述は「金融」の本に多い。

■第1章「金融とは」
糸瀬　茂『図解・金融のしくみ』東洋経済，2001年
眞壁昭夫『図解・金融のすべて』PHP，2001年
竹中征夫『金融のしくみ』三笠書房（知的生き方文庫），2000年
池尾和人『現代の金融入門』ちくま新書，1996年
日本経済新聞社編『いやでもわかる金融』新潮文庫，1999年
岩崎靖監修・滝川逸司著『ウルトラ入門・円とドルの仕組みがわかる！』かんき出版，
　　　2002年

■第2章「会社ってなに？」
波光史成『図解・会計のしくみ』東洋経済，2000年
斎藤静樹編著『財務会計・財務諸表分析の基礎』有斐閣，1998年
日本証券アナリスト協会編『証券アナリストのための企業分析』東洋経済，1998年
武田・井澤，他『金融証券用語辞典』銀行研修社，1989年
日本経済新聞社編『会計用語辞典』日経文庫，1992年
日本経済新聞社編『株式用語辞典』日経文庫，1995年

■第3章「会社のライフステージと金融サービス」
松田修一『ベンチャー企業』日経文庫，2001年
三菱信託銀行企業金融部編『図解・株式公開のしくみ』東洋経済，2001年
島　義夫『信用リスク，格付け，債券投資入門』四熊ブックス，1997年
徳島勝幸『現代社債投資の実務』財経詳報社，2000年
津森信也『企業ファイナンス入門』日経文庫，2000年
和田　勉『買収ファンド』光文社新書，2002年
山田正次『年金基金のための資産運用入門』東洋経済，1993年
福岡通年『ウルトラ入門・年金のすべてがたのしくわかる！』かんき出版，2002年

■第4章「リスクマネジメント」
上田和勇「リスク管理と企業価値」日経産業新聞（2002年9月19日～10月1日）
上田和勇編著『環境変化と金融サービスの現代的課題』白桃書房，2002年
上田和勇『英国の保険マーケティング－日本への教訓』保険毎日新聞社，1997年

上田和勇『保険の情報開示－先進各国の実態と我が国への教訓』同文舘出版，2000年
上田和勇『企業価値創造型リスクマネジメント』白桃書房，第2版，2005年
石井　至『図解・リスクのしくみ』東洋経済，2002年
岡本浩一『リスク心理学入門』サイエンス社，2000年
日本興亜損害保険（株）編『わが家の危機管理』小学館文庫，2002年
全米公認証券アナリスト協会監修
『ポートフォリオ・マネジメントの実際（上）（下）』東洋経済，1989年
日本証券アナリスト協会編『証券投資論』日本経済新聞社，1998年

第5章「これからの企業と金融サービスのあり方」

P・F・ドラッカー『イノベーションと企業家精神－その原理と方法（上）（下）』
ダイヤモンド社，1997年
斎藤　槙『企業評価の新しいモノサシ』生産性出版，2000年
山本良一『サステナブル・カンパニー』ダイヤモンド社，2001年
谷本寛治『企業社会のリストラクション』千倉書房，2002年
木内　孝『新学問のすすめ－エコ経済への道』プラネット出版，1999年
黒木靖夫『ビジネスマンのための「個性」育成術』NHK出版，2001年
浦郷義郎『「真実の15秒」で個客をつかむ』光文社，2001年
大久保寛司『二十一世紀残る経営，消える経営』中央公論社，2001年
中村美紀子『企業の社会的責任－法律学を中心として』中央経済社，1999年
水谷雅一『経営倫理学のすすめ』丸善ライブラリー，1998年
加藤尚武『環境倫理学のすすめ』丸善ライブラリー，1991年
安達　巧『企業倫理とコーポレートガバナンス』創成社，2002年
高　　巌『企業倫理のすすめ』麗澤大学出版会，2000年
リッチー・ローリー『グッド・マネー』晶文社，1992年
水口・国部・柴田・後藤『ソーシャル・インベストメントとは何か』
日本経済評論社，1998年
エイミー・ドミニ『社会的責任投資』木鐸社刊，2002年
宮坂純一『企業社会と会社人間』晃洋書房，2002年
岡本浩一『無責任の構造』PHP新書，2001年
金森久雄編『経済学基本用語辞典』日経文庫，1986年

【索引】

▶あ行

アンダーライター業務・・・・・・・・・・・17
安定期・・・・・・・・・・・・・・・・・・・・・・67
インカムゲイン・・・・・・・・・・・・・・・16
インデックス・・・・・・・・・・・・51, 52
インフレ（インフレーション）・・・29, 31
インベスターリレーションズ（Investor Relations）・・・・・・・・・・・・・・・73
運用目標・・・・・・・・・・・・・・・・・・・・86
円高・・・・・・・・・・・・・・・・・・・・・・・35
円安・・・・・・・・・・・・・・・・・・・・・・・35
お金・・・・・・・・・・・・・・・・・・・・・・・・2
お金の３つの役割・・・・・・・・・・・・・3

▶か行

会計原則・・・・・・・・・・・・・・・・・・・・59
外国為替・・・・・・・・・・・・・・・・・・・・34
外国為替相場（外国為替レート）・・・・34
会社・・・・・・・・・・・・・・・・・・・・・・・iv
会社システムとしてのリスクマネジメント
・・・・・・・・・・・・・・・・・・・・・・・・116
会社の存在意義・・・・・・・・・・・・・・42
会社のライフステージ・・・・・・・・・66
格付・・・・・・・・・・・・・・・・・・76, 83
格付機関・・・・・・・・・・・・・・・・・・・・83
確定給付年金・・・・・・・・・・・・・・・・92
確定拠出年金（401K）・・・・・・・・・92
火災保険・・・・・・・・・・・・・・・・・・・100
貸し渋り・・・・・・・・・・・・・・・・・・・・14
価値の尺度としての役割・・・・・・・・4
価値の蓄積・保存としての役割・・・5
金（カネ）・・・・・・・・・・・・・・・・・・98
株（株式）・・・・・・・・・・・・・・・7, 45
株価・・・・・・・・・・・・・・・・・・・・・・・48
株式会社・・・・・・・・・・・・・・・・・・・・45
株式公開・・・・・・・・・・・・・・・・・・・・72
株主・・・・・・・・・・・・・・・・・・46, 54
株主総会・・・・・・・・・・・・・・・・・・・・55
株主の有限責任・・・・・・・・・・・・・・47
株の持ち合い・・・・・・・・・・・・・・・・53
株を公開する・・・・・・・・・・・・・・・・72
為替・・・・・・・・・・・・・・・・・・・・・・・13
環境的ハザード・・・・・・・・・・・・・102
環境問題・・・・・・・・・・・・・・・・・・・132
監視と見直し（リスクの）・・・・・・109
間接金融・・・・・・・・・・・・・・・・・・・・・6
元本保証・・・・・・・・・・・・・・・・・・・・・7
官僚主導・・・・・・・・・・・・・・・・・・・127
機関投資家・・・・・・・・・・・・・・・・・・22
機関投資家機能・・・・・・・・・・・・・・21
期間マッチング・・・・・・・・・・・・・・82
企業再生・・・・・・・・・・・・・・・・・・・・78
企業内労働組合・・・・・・・・・・・・・129
企業年金・・・・・・・・・・・・・・・・・・・・90
企業の新しいあり方・・・・・・・・・・・v
企業の社会的責任・・・・・・・133, 152
企業の社会に対する影響力・・・・・124

175

企業の存在意義・・・・・・・・・・・124	現金・・・・・・・・・・・・・・・・5
企業理念・・・・・・・・・・・・・55	現代的定義（リスクの）・・・・・・96
規制緩和・・・・・・・・・・・・128	公開時公募売出株式の引受・・・・・74
基礎年金（国民年金）・・・・・・・90	公開準備作業の指導・助言・・・・・73
キャッシュフロー・・・・・・・・・62	公開審査への対応・・・・・・・・・73
キャッシュフロー計算書(C／S(Cash Flow Statement))・・・・・・・・・59, 62	交換の手段としての役割・・・・・・・4
キャッシュフローマッチング・・・・・82	厚生年金（厚生年金基金制度）・・・90
キャピタルゲイン・・・・・・・・・16	購買力平価・・・・・・・・・・・・37
狭義の意味のリスクマネジメント・・・113	コーポレートガバナンス（企業統治）・・・・・・・・・・・46, 116, 152
許容リスク・・・・・・・・・・・112	コーポレートガバナンスとの関係（リスクの）・・・・・・・・・・・116
銀行・・・・・・・・・・・・・5, 12	コーポレートガバナンスの強化・・149, 152
銀行・証券・保険・・・・・・・・・12	国債・・・・・・・・・・・・・・76
金融・・・・・・・・・・・・iii, iv, 2	国際収支・・・・・・・・・・・・36
金融市場・・・・・・・・・・・・16	護送船団方式・・・・・・・・・・128
金融商品の販売に関する法律（金融商品販売法）・・・・・・・・・・146	固定金利・・・・・・・・・・・・27
金融政策・・・・・・・・・・・・29	コマーシャルペーパー（CP）・・・・77
金融仲介機能・・・・・・・・・・13	コンバインドレシオ・・・・・・・・21
金融は人と人との信頼の和・・・・・・8	コンプライアンス（法令遵守）・・73, 116
金融ビックバン・・・・・・・・・135	
金利・・・・・・・・・・・2, 27, 77	▶さ行
金利マッチング・・・・・・・・・82	
クレジットリスク(信用リスク)・・27, 87, 105	債券・・・・・・・・・・・・・7, 75
経営資源・・・・・・・・・・・・98	債券市場・・・・・・・・・・・・76
経営と所有の分離・・・・・・・・・45	財閥系・・・・・・・・・・・・・・7
景気・・・・・・・・・・・・・・28	財務諸表・・・・・・・・・・・・59
経済的損害・・・・・・・・・・・104	産業別労働組合・・・・・・・・・129
決済機能・・・・・・・・・・・・13	時価総額・・・・・・・・・・・・48
決算・・・・・・・・・・・・・・48	

自己責任	145	信用創造機能	13
自己責任の原則	87	衰退期	67
資産	60	スウェットショップ（搾取工場）	133
地震保険	100	スタートアップ期	66
持続可能（サステナブル）な社会	132	スタンダード＆プアーズ社（S&P）	83
執行役員	46	ステークホルダー	43, 54
自動車保険	101	スワップ取引	113
資本	60	清算価値	48
資本政策	69	精神的(morale)ハザード	102
シャープレシオ	121	製造物責任	101
社会的責任投資（Socially Responsible Investment, SRI)	22, 159	成長期	66
		静的リスク	98
社会的責任の遂行	149, 152	生命保険	20, 99
社債	75	生命保険会社	20
車輌保険	101	責任リスク	98
終身雇用	129	セリング業務	18
主幹事証券	73	創業赤字	66
純粋リスク	96	増資	45
傷害保険	99	ソーシャル・アントレプレナー	57
状況の確定（リスクの）	107, 109	損益計算書(P／L(Profit and Loss Statement)）	59, 60
証券会社	12, 15, 73	損害保険	20
証券市場	7	損害保険会社	20
証券取引所	50		
上場	51		
上場企業	51	▶た行	
消費者契約法	146		
情報開示(ディスクロージャー)	46, 59, 73	代行返上論議	91
情報開示の充実	149	第三分野	20
将来の業績を反映した価値	49	貸借対照表(B／S(Balance Sheet))	59
人的リスク	98		

索引 177

対人保険・・・・・・・・・・・・・・・101	日本の企業発展の3大特徴・・・・・・129
対物保険・・・・・・・・・・・・・・・101	ニューヨーク・ダウ・・・・・・・・・52
担保主義・・・・・・・・・・・・・・・・9	根回し・・・・・・・・・・・・・79, 165
地方債・・・・・・・・・・・・・・・・76	年金制度・・・・・・・・・・・・・・・90
チャンスの最大化・・・・・・・・・・107	年功序列・・・・・・・・・・・・・・129
直接金融・・・・・・・・・・・・・・・7	ノブレス・オブリージュ（Noblesse Oblige）
直接金融の仲介・・・・・・・・・・・15	・・・・・・・・・・・・・・・・・152
ディーラー業務・・・・・・・・・・・18	ノンバンク・・・・・・・・・・・12, 22
ディスクロージャー（情報開示）・・・73	
デフォルトリスク・・・・・・・・・・84	▶は行
デフレ（デフレーション）・・・・・・31	
店頭市場・・・・・・・・・・・・・・50	買収ファンド・・・・・・・・・・・・79
伝統的定義・・・・・・・・・・・・・96	賠償責任保険・・・・・・・・・・・・100
店頭登録・・・・・・・・・・・・・・51	配当・・・・・・・・・・・・・・・7, 48
投機的リスク・・・・・・・・・97, 116	ハイリスク・ハイリターン・・・・・・86
東京証券取引所・・・・・・・・・・・50	ハザード・・・・・・・・・・・・・102
投資家・・・・・・・・・・・・・・・・6	発行市場・・・・・・・・・・・・・・17
投資信託・・・・・・・・・・・・・・15	発生主義・・・・・・・・・・・・・・62
搭乗者傷害保険・・・・・・・・・・・101	バブル期・・・・・・・・・・・・・・・9
動的リスク・・・・・・・・・・・・・98	バランスシート・・・・・・・・・・・60
取締役・・・・・・・・・・・・・・・46	ハンズオフ・・・・・・・・・・・・・70
トリプルボトムライン・・・・・・・133	ハンズオン・・・・・・・・・・・・・70
	引受シンジケート・・・・・・・・・・74
▶な行	非経済的損害・・・・・・・・・・・104
	ビジネスモデル・・・・・・・・・・・56
内外価格差・・・・・・・・・・・・・37	人（ヒト）・・・・・・・・・・・・・98
南北問題・・・・・・・・・・・・・132	ファンダメンタルズ・・・・・・・・・38
日経平均・・・・・・・・・・・・・・52	負債・・・・・・・・・・・・・・・・60
日本銀行・・・・・・・・・・・・・・29	物的リスク・・・・・・・・・・・・・98

物理的ハザード · · · · · · · · · · · · · · · · 102
不良債権 · 10
ブローカー業務 · · · · · · · · · · · · · · · · · 18
分散投資 · 120
ペイオフ解禁 · · · · · · · · · · · · · · · · · 147
ヘッジコスト · · · · · · · · · · · · · · · · · 113
ペリル · 103
ベンチャーキャピタル · · · · · · · · · · 69
ベンチャー企業 · · · · · · · · · · · · · · · · 69
変動金利 · 27
ポートフォリオ · · · · · · · · · · · · · · · · 87
ポートフォリオ効果 · · · · · · · 87, 120
保険会社 · 12
保険金 · 20
保険契約者保護機構 · · · · · · · · · · 148
保険料 · 20
補償機能 · 19

▶ま行

マーケットリスク（市場リスク）· · 87, 105
右肩上神話と含み益経営 · · · · · 127, 129
ムーディーズ社（Moody's）· · · · · · · 83
モノ · 98

▶や行

有価証券 · 7, 16

融通する · 2
預金通貨 · 5
預金保険制度 · · · · · · · · · · · · · · · · · 147
横並び主義 · · · · · · · · · · · · · · · 127, 128

▶ら行

利益保険 · 100
リスク · 94, 103
リスク回避 · · · · · · · · · · · · · · · · · · · 114
リスク許容度 · · · · · · · · · · · · · · · · · · 87
リスク・コミュニケーション · · 96, 114, 116
リスクコントロール · · · · · · · 107, 114
リスク処理 · · · · · · · · · · · · · · · 109, 113
リスク戦略 · · · · · · · · · · · · · · · · · · · 113
リスクの移転 · · · · · · · · · · · · · · · · · 113
リスクの大きさ · · · · · · · · · · · · · · · · 96
リスクの監視と見直し · · · · · · · · · 114
リスクの客観的側面 · · · · · · · · · · · · 95
リスクの最適化 · · · · · · · · · · · · · · · 107
リスクの主観的側面 · · · · · · · · · · · · 96
リスクの受容 · · · · · · · · · · · · · 109, 112
リスクの所在 · · · · · · · · · · · · · · · · · 111
リスクの発見 · · · · · · · · · · · · · 109, 111
リスク発生確率の低下 · · · · · · · · · 114
リスク発生による影響力の低下 · · · · 114
リスク評価 · · · · · · · · · · · · · · · 109, 112
リスクファイナンス · · · · · · · 107, 113
リスク分析 · · · · · · · · · · · · · · · 109, 111

リスクヘッジ･･････････････113
リスクマネジメント･････････････iv
リスクマネジメントの強化･･････150
リスクマネジメントの遂行者･････116
リスクマネジメントの方法･･････109
リスクマネジメントの目的･･････115
リスク＝ロスとチャンスの可能性･･･107
リストラクチャリング(Re-structuring)･･80
利息･･･････････････････2, 7
流通市場････････････････18
流動性･･････････････16, 88
流動性リスク･･････････････105
倫理的・道徳的(moral)ハザード･････102
労災保険････････････････99
老齢厚生年金･････････････90
ロス･････････････････103
ロスの移転・保有･････････107
ロスの回避・軽減･････････107
ロスの最小化･････････････107

▶英字

ALM(資本負債管理・Assets and Liabilities Management)･･････････82, 105
CS(顧客満足・Customer Satisfaction)･･55
ES(従業員満足・Employee Satisfaction)
･･････････････････････55
GDP(国内総生産)･････････36, 124
IPO(Initial Public Offering)･･････72

IR･･････････････････73
NGO(Non-Governmental Organization)･
･････････････････････57
NPO(Non-Profit Organization)･････57
OJT･････････････････164
PL保険･･･････････････101
Win Win･･･････････････43

■編著者略歴

上田　和勇（うえだ　かずお）

1974年	早稲田大学商学部卒業，安田火災海上保険(株)入社，1976年同社退社
1979年	早稲田大学大学院商学研究科修士課程修了，1982年同博士課程修了
1982年	専修大学助手，1984年専任講師，1987年助教授，1993年教授，現在にいたる
1995年	商学博士（早稲田大学）
1995年～96年	ロンドン　シティ大学客員研究員，シドニー保険研究所に籍をおき調査
2002年2月～4月	オーストラリア，ニュージランドのリスクマネジメント国際規格（AZ/NZS 1999）中心に実態調査
現在	日本リスクマネジメント学会（理事長）

●主な著書

『保険マーケティング入門』損害保険企画，1983年

『保険市場と消費者―英米の実態と教訓―』成文堂，1994年

『英国の保険マーケティング―日本への教訓―』保険毎日新聞社，1997年

『東アジアの生命保険市場―契約者保護から見た各国の現状―』生命保険文化研究所，(執筆・監修)，1999年

『保険の情報開示―先進各国の実態と我が国への教訓―』同文舘出版，2000年

『生命保険販売の基本ルールとコンプライアンス』ビジネス教育出版社，(執筆・監修)，2002年

『環境変化と金融サービスの現代的課題』白桃書房，(編著)，2002年

『企業価値創造型リスクマネジメント』白桃書房，第4版，2007年

『持続可能型保険企業への変貌―賢い保険選択へのアドバイス―（新版）』同文舘出版，2008年

『NPOのリスクマネジメント』白桃書房，(共著)，2009年

『企業経営とリスクマネジメントの新潮流』白桃書房，(編著)，2009年

『事例で学ぶリスクマネジメント入門―復元力を生み出すリスクマネジメント思考』同文舘出版，2012年，2014年（第2版）

『環境変化とリスクマネジメントの新展開』白桃書房，2012年

『持続可能型保険企業への変貌―賢い保険選択へのアドバイス』同文舘出版，2012年（第3版），2017年（第4版）

『企業倫理リスクのマネジメント―ソフト・コントロールによる倫理力と持続力の向上―』同文舘出版，2014年

『ビジネス・レジリエンス思考法―リスクマネジメントによる危機克服と成長―』同文舘出版，2016年

『アジア・オセアニアにおける災害・経営リスクのマネジメント』白桃書房，2017年

『リスクマネジメントの本質』同文舘出版，(編著)，2017年

■著者略歴

岩坂　健志（いわさか　たけし）
上智大学法学部卒業・東北大学大学院環境科学研究科修了・東京工業大学大学院社会理工学研究科修了。博士（学術）
興亜火災海上保険株式会社（現損保ジャパン日本興亜損害保険）入社、財務部、ニューヨーク駐在員、ロンドン駐在員、経営企画部CSR担当などを経験、サンケァフューエルス株式会社取締役を経て、現在は株式会社未来思考代表取締役
日本リスクマネジメント学会会員

● 主な著書
『気候変動＋2℃』ダイヤモンド社、(山本良　責任編集・共著)、2006年
『環境福祉学の理論と実践』環境新聞社、(炭谷茂編著・共著)、2006年
『NPOのリスクマネジメント』白桃書房、(上田和勇編著・共著)、2009年
『企業経営とリスクマネジメントの新潮流』白桃書房、(上田和勇・共著)、2009年

■現代金融サービス入門【第2版】
　　—ゼロから学ぶ金融の役割—

■発行日──2003年 5 月26日　初 版 発 行　　〈検印省略〉
　　　　　2006年 4 月16日　第 2 版 発 行
　　　　　2019年 4 月16日　第 2 版 6 刷発行

■編著者──上田　和勇
■著　者──岩坂　健志
■発行者──大矢栄一郎
■発行所──株式会社　白桃書房
　　　　　〒101-0021　東京都千代田区外神田 5-1-15
　　　　　☎03-3836-4781　📠03-3836-9370　振替00100-4-20192
　　　　　http://www.hakutou.co.jp/

■印刷・製本──藤原印刷

Ⓒ Kazuo Ueda, Takeshi Iwasaka 2006　Printed in Japan　ISBN 978-4-561-95106-3 C3033

本書のコピー、スキャン、デジタル化等の無断複製は著作権法上での例外を除き禁じられています。本書を代行業者等の第三者に依頼してスキャンやデジタル化することは、たとえ個人や家庭内の利用であっても著作権法上認められておりません。

JCOPY ＜(社)出版者著作権管理機構　委託出版物＞
本書の無断複写は著作権法上での例外を除き禁じられています。複写される場合は、そのつど事前に、(社)出版者著作権管理機構（電話 03-5244-5088、FAX 03-5244-5089、e-mail: info@jcopy.or.jp）の許諾を得てください。

落丁本・乱丁本はおとりかえいたします。

好評書

上田和勇【著】
企業価値創造型リスクマネジマネント〔第4版〕 本体 2400 円
　―その概念と事例

上田和勇【編著】
環境変化と金融サービスの現代的課題 本体 2500 円

上田和勇【編著】
企業経営とリスクマネジメントの新潮流 本体 2800 円

熊倉修一【著】
日本銀行のプルーデンス政策と金融機関経営 本体 3200 円
　―金融機関のリスク管理と日銀考査

鈴木芳徳【著】
わかりやすい証券市場論入門〔全訂版〕 本体 2500 円

平野秀輔【著】
財務管理の基礎知識〔第2版〕 本体 1905 円

花枝英樹【著】
企業財務入門 本体 3900 円

見目洋子・神原理【編著】
現代商品論 本体 1905 円

土井修【著】
証券経済論 本体 2200 円

八田進二【編】
21世紀 会計・監査・ガバナンス事典 本体 2381 円

東京　**白桃書房**　神田

本広告の価格は本体価格です。別途消費税が加算されます。